Keshavan Nair

Führen durch Vorbild

Keshavan Nair

Führen durch Vorbild

Lehren aus dem Leben Gandhis

Verlag Hermann Bauer
Freiburg im Breisgau

Die Deutsche Bibliothek – CIP-Einheitsaufnahme

Nair, Keshavan:
Führen durch Vorbild : Lehren aus dem Leben Gandhis /
Keshavan Nair. [Ins Dt. übers. von Patricia Mauerhofer]. –
1. Aufl. – Freiburg im Breisgau : Bauer 1997
   Einheitssacht.: A higher standard of leadership ⟨dt.⟩
   ISBN 3-7626-0557-2

Die Originalfotos von Gandhi auf den Seiten 24 und 102
wurden aufgenommen von Kanu Gandhi. Das Foto auf Seite 68
gehört zu den Beständen des National Gandhi Museum,
New Delhi. Alle drei Fotos wurden abgedruckt mit freundlicher
Genehmigung des Gandhi-Informations-Zentrums,
Postfach 21 01 09, 10501 Berlin.

Die amerikanische Originalausgabe erschien erstmals 1994
bei Berrett-Koehler Publishers, San Francisco unter dem Titel
*A Higher Standard of Leadership. Lessons from the Life
of Gandhi.* Alle Rechte vorbehalten.
Published by arrangement with Linda Michaels Ltd.
© 1994 by Keshavan Nair

Ins Deutsche übersetzt von Patricia Mauerhofer
Bearbeitung: Ute Orth

1. Auflage 1997
ISBN 3-7626-0557-2
© für die deutsche Ausgabe 1997 by
Verlag Hermann Bauer KG, Freiburg im Breisgau
Einband: Ralph Höllrigl, Freiburg im Breisgau
Umschlagillustration: Cassandra Chu
Satz: Fotosetzerei G. Scheydecker, Freiburg im Breisgau
Druck und Bindung: Wiener Verlag GmbH, Himberg
Printed in Austria

Für
Parvathi Bai Nair
Leila Ramakumar
Robba Benjamin

Führende mit einem höheren Standard

INHALT

VORWORT

Wie die meisten Inder meiner Generation kann ich Ihnen erzählen, wo ich war und was ich gerade tat, als Gandhi am Abend des 30. Januar 1948 ermordet wurde. Ich war Rollschuh laufen in einem Park, etwa zehn Minuten von unserem Haus in Patalia, einer Stadt im Pandschab, entfernt. Es war dunkel, ich befand mich auf dem Heimweg, und zwei Personen überholten mich mit ihren Fahrrädern. Einer der beiden sagte zum anderen: »Der Alte ist tot.« In diesem Moment wußte ich nicht, von wem sie sprachen. Als ich fünf Minuten später zu Hause ankam, lief das Radio, und alle weinten. Als ich durch die Türe trat, sagte jemand: »Gandhiji ist ermordet worden.«

Ich war damals 15. Gandhi war eine geachtete Persönlichkeit in unserer Familie, doch ich schenkte ihm keine besondere Aufmerksamkeit. Sein Nachdruck auf Verzicht und das Gewicht, das auf sein Heiligsein gelegt wurde, gehörten nicht in die Welt eines Jungen, der auf eine britisch geprägte Privatschule geschickt wurde und zu dessen Hauptinteressen Kricket, Spielfilme und Schularbeit gehörten. Von all den nationalen Führern konnte ich mich am meisten mit Jawaharlal Nehru identifizieren, der – in Harrow und Cambridge geschult; gebildet, intellektuell und weltgewandt – später Indiens erster Premierminister werden sollte.

Und so blieb es, bis ich 19 war und durch eine Krankheit für zwei Jahre ans Bett gefesselt war. Ich

hatte viel Zeit zum Lesen. Als ich Nehrus Autobiographie las, erfuhr ich von seiner Bewunderung für
Gandhis Verpflichtung zu seinen Idealen und von
Gandhis Kraft und Mut. »Und trotz seines un-
scheinbaren Äußeren«, schrieb Nehru, »seines Len-
dentuchs und nackten Körpers strahlte er eine
königliche Würde und Erhabenheit aus, die andere
zu willigem Gehorsam nötigte.«[1]

Im Ungestüm meiner Jugend konnte meine Ein-
schätzung von Gandhi, gelinde gesagt, als ober-
flächlich bezeichnet werden. Ich stürzte mich in ein
Programm der Lektüre und des Studiums und
wurde gewahr, daß Gandhi kein Heiliger war. Man
hat ihm einen schlechten Dienst erwiesen, indem
man ihn dazu gemacht hat: Es wurde dadurch zu
einfach, sein Leben und seine Ideen als umständlich
und untauglich einzustufen – genau wie ich es getan
hatte. Ich begann die heldenhafte Natur dieses
Mannes zu verstehen: seine Bereitschaft, grundlegende Fragen zu stellen, um dann mit seinem
ganzen Wesen nach den Antworten zu leben, die er
gefunden hatte. Langsam entwickelte ich Verständnis und Anerkennung für seinen persönlichen Mut,
seinen Glauben in die menschliche Natur und seinen Geist des Dienens. Ich realisierte, daß Gandhis
Erhabenheit von seiner inneren Stärke herrührte.
Auch gelangte ich zu der Überzeugung, daß Gandhi
als einziger unter all den Führungspersönlichkeiten,
die sich in bedeutendem Ausmaß für soziale und
politische Aktivitäten eingesetzt haben, für das
Höchste im menschlichen Geist stand. Er war ein
Mann der Tat, der sein Leben in einem Kontext von
Politik und sozialer Reform dem Dienen widmete;

immer bestrebt – wenn es ihm auch nicht immer gelang – gemäß seiner Ideale der Wahrhaftigkeit und Gewaltlosigkeit zu leben.

Mit der Begeisterung eines Bekehrten entschloß ich mich, alles mir Mögliche zu tun, um einige symbolische Aspekte von Gandhis Lehren Teil meines Lebens werden zu lassen. Ich begann zu spinnen und gab kleinere Annehmlichkeiten sowie Seide und Gabardine für handgesponnene und -gewebte Kleidung auf. Ich behielt diese Praktiken bei, bis ich 1959 in die Vereinigten Staaten ging.

Während der letzten 35 Jahre war ich damit beschäftigt, Universitätstitel zu erwerben, mich in meinem Beruf weiterzuentwickeln und all jene materiellen Dinge zu erwerben, die das Leben bequem und angenehm gestalten. Meine Tätigkeiten in Unternehmensführung und Beratung beinhalteten Aufgaben in kleinen Traditionsfirmen, Großunternehmen und den 100 größten Unternehmen. Ich arbeitete an verantwortlicher Stelle als Projektmanager in großen interdisziplinären Teams sowie als leitender Angestellter und später Direktor eines großen Dienstleistungsunternehmens. Ich habe Top-Manager in Strategie- und Ausführungsfragen beraten und Führungsanforderungen und -tätigkeiten in breiter Vielfalt von Zusammenhängen erfahren und beobachtet.

In allen meinen beruflichen Aktivitäten diente mir Gandhis Beispiel von Führerschaft als Grundlage. Das Jahr 1994 – 125 Jahre nach Gandhis Geburt – erscheint mir als ein geeigneter Zeitpunkt, um gewisse Aspekte seines Führungsstils in den Kontext aktueller Führungsbegriffe und -aufgaben

zu stellen, insbesondere, da die Auffassung weit
verbreitet scheint, daß unsere Führungskräfte, vor
allem in Wirtschaft und Politik, ihren Idealismus
und den Sinn für moralische Entschlossenheit verloren haben.

Dies ist kein Buch über Gandhi. Ich habe ver-
sucht, einen Rahmen zu entwickeln, innerhalb dessen Lehren aus Gandhis Leben benutzt werden
können, um die moralische und spirituelle Dimension in den Führungsbegriff einzubeziehen und uns
zu einem höheren Führungsstandard zu bringen.

Es war eine Herausforderung, Beispiele aus
Gandhis Leben auszuwählen, die seine Vorstellung
vom Führen veranschaulichen. Ich habe mich für
diejenigen entschieden, welche meiner Meinung
nach für den heutigen Leser leicht verständlich sind.
Es gibt andere gewichtigere Beispiele, doch würden
sie eine ausführlichere Erklärung der indischen Lebensbedingungen und -umstände erfordern, was die
Lektüre unnötig erschweren würde, ohne wesentlich
zur Aussage des Buches beizutragen.

Die von Gandhi vorgelebten Eigenschaften, wie
persönliche Verantwortung, Wahrhaftigkeit, Liebe,
Respekt vor dem einzelnen und Mut, finden überall
in unserem Beruf und im gesellschaftlichen Leben
ihre Anwendungsmöglichkeiten. Dieses Buch steht
eher für ein Führungskonzept ein, das unbeirrbar
der Verpflichtung zu moralischen Prinzipien und
zum Dienen folgt, als sich von Machthunger und
Kontrolle durch Gewalt leiten zu lassen. Dies ist genau die Art von heldenhafter Führung, zu welcher
wir unsere Jugend anhalten müssen – ein Führungs-
verständnis, das die Ideale in uns allen nutzbar

machen kann, das an das Beste in uns appelliert und uns zu einem besseren Leben bewegt.

Wir alle nehmen Führungsrollen ein, von Präsidenten und leitenden Angestellten über Eltern, Vorgesetzte und Lehrer, welche die Möglichkeit und Verpflichtung haben, einen Einfluß auf die Jugend dieser Welt auszuüben. Diejenigen von uns, die keine Machtposition innehaben, tragen die Verantwortung, unseren Verhaltensstandard so anzuheben, daß unsere Führungskräfte werden mitziehen müssen.

Da ich daran glaube, daß es an jedem einzelnen von uns liegt, uns auf einen höheren Führungsstandard zuzubewegen, liegt das Schwergewicht in diesem Buch auf der persönlichen Verantwortung. Es ist die *persönliche* Ebene, auf welcher wir uns zu prinzipiengeleitetem Handeln und zum Dienen verpflichten müssen. Ich glaube nicht, daß es nötig ist, Gandhis asketischem Lebensstil zu folgen oder sich darauf zu fixieren, um aus seinem Beispiel Nutzen ziehen zu können. Ich weiß die materielle Welt zu schätzen, aber ich denke, daß meine Verhaltensstandards im beruflichen und gesellschaftlichen Leben dank meiner Würdigung Gandhis höher sind. Ich hoffe, mein Umgang mit anderen spiegelt dies wider. Vielleicht ist gerade das die Aufgabe eines jeden, sei er nun berühmt oder ein ganz gewöhnlicher Mensch: einen positiven Einfluß auf das Leben anderer auszuüben.

San Francisco   *Keshavan Nair*
August 1994

EINLEITUNG

EIN HÖHERER FÜHRUNGS-
STANDARD –
DIE HERAUSFORDERUNG

Heutzutage glauben viele Leute, es sei nicht möglich, in der Welt von Wirtschaft und Politik erfolgreich zu sein und gleichzeitig seine eigene Integrität zu wahren. Mit Integrität ist hier nicht Verzicht auf Bestechlichkeit, sondern das Festhalten an moralischen Prinzipien in allen Aktivitäten gemeint. Viele sind auch der Meinung, eines der Hauptziele der Führung sei das Erlangen von Macht und Privilegien. Und viele glauben, daß praxisorientierte politische und unternehmenspolitische Entscheidungen weniger effizient seien, wenn moralische Fragestellungen ernsthaft mit einbezogen werden.

Der Führungsstandard hängt nicht nur von den Eigenschaften und Ansichten unserer Führungskräfte ab, sondern auch von den Erwartungen, die wir an sie richten. Solange wir daran glauben, daß es ihnen an Integrität fehlt, solange wird sich unsere Erwartungshaltung in ihrem Verhalten widerspiegeln. Aus diesem Grund liegt es an jedem einzelnen von uns, den eigenen Führungsstandard und somit unsere Erwartungen an unsere Führungskräfte anzuheben.

> *Der Führungsstandard hängt nicht nur von den Eigenschaften und Ansichten unserer Führungskräfte ab, sondern auch von den Erwartungen, die wir an sie richten.*

Es gibt kein besseres

Beispiel, wie man

den Weg für einen

höheren Führungs-

standard bereiten

kann, als das von

Mohandas

Karamchand

Gandhi

Es gibt kein besseres Beispiel, wie man den Weg für einen höheren Führungsstandard bereiten kann, als das von Mohandas Karamchand Gandhi. Er verbrachte mehr als 50 Jahre im öffentlichen Leben, und man kennt ihn vor allem als jemand, der Hunderte Millionen von Menschen gegen eines der größten Reiche der Weltgeschichte angeführt hat. Im Gegensatz zu anderen politischen Führern und militärischen Befehlshabern seiner Zeit trug Gandhi keine prächtige Uniform, befahl über keine Armee und übte kein Regierungsamt aus. Dafür aber predigte er und – was noch wichtiger ist – lebte er die Werte der Wahrhaftigkeit und Gewaltlosigkeit und bewies durch sein Leben als Dienender das Einssein der gesamten Menschheit. Er erinnerte die Welt daran, daß der menschliche Geist unbezwingbar ist und daß Mut und Liebe mächtiger sind als Gewalt. Die Welt zollte diesem außergewöhnlichen Mann Respekt, als die Flagge der Vereinten Nationen nach seiner Ermordung auf halbmast gesetzt wurde. Er ist die einzige Person ohne Zugehörigkeit zu einer Regierung oder internationalen Organisation, für welche dies bisher getan wurde.

Gandhi besaß viele der Qualitäten, die wir mit erfolgreichen Führern in Zusammenhang bringen. Zu seinem Mut und seiner Entschlossenheit konnte er über lange Zeit ein hohes Energieniveau aufrechterhalten. Er war bestimmend, verfügte über hervorragende Fähigkeiten im zwischenmenschlichen Bereich, überlegte reiflich, war aber dennoch handlungsorientiert und schenkte den Details der konkreten Durchführung einer Angelegenheit große Aufmerksamkeit.

Gandhis Leben wurde nicht von Strategien geleitet, es war geleitet von Prinzipien und Werten. Für
die größten politischen Führer ist ihr Land die
Quelle ihrer Leidenschaft. Ein Leiter eines Unternehmens hat oft eine leidenschaftliche Beziehung zu
seinem Unternehmen, sei es über Kunden, Produkte
oder Technologie. Gandhis Leben wurde durch
seine Religion angetrieben: durch Wahrhaftigkeit
und Gewaltlosigkeit sowie ein Leben im Dienste
anderer. Als ein Reporter Gandhi um eine Botschaft
für die Vereinigten Staaten, insbesondere für die
Afro-Amerikaner, bat, antwortete Gandhi: »Mein
Leben selbst ist die Botschaft.«[2]

Wer den Film *Gandhi* gesehen hat, weiß um
seine Arbeit in der politischen Arena – der Kampf
gegen die Diskriminierung der Inder in der Repu-
blik Südafrika und später die Unabhängigkeitsbewegung gegen die britische Herrschaft in Indien.
Doch der volle Umfang seiner Aktivitäten über-
steigt alles, was ein im öffentlichen Leben stehender
Führer je angestrebt hat.

Im Bereich der sozialen Reformen konzentrierte
sich Gandhi hauptsächlich auf die Abschaffung der
Unberührbarkeit, einen wesentlichen Bestandteil des
Hinduismus, der vorherrschenden Religion Indiens.
Im Verlauf der Jahrhunderte hatte der Hinduismus
ein durch Hierarchie und Geburtsrecht geprägtes
Kastensystem entwickelt. Viele Hindus glaubten –
und einige glauben es noch –, daß sie »unrein«
würden, falls jemand der untersten Kaste sie
berührte. Angehörige dieser untersten Kaste wurden *Unberührbare* genannt.

Es gab Millionen von Unberührbaren – ungefähr

Gandhis Leben wurde nicht von Strategien geleitet, es war geleitet von Prinzipien und Werten.

Gandhi war der

Überzeugung,

daß alle Religionen

ein Ausdruck der

Wahrheit seien und

daß Anhänger

verschiedener

Glaubensrichtungen

in Frieden

und Einklang

miteinander leben

könnten

und sollten.

ein Fünftel der indischen Bevölkerung. Sie wurden gezwungen, von der Gesellschaft ausgeschlossen zu leben. Es war ihnen untersagt, die gleichen öffentlichen Einrichtungen, einschließlich der Tempel, wie die anderen Hindus zu benutzen. Der heimtückischste Bestandteil dieser Diskriminierung war der Glaube der Unberührbaren, daß diese schreckliche Behandlung durch ihre eigene Religion gebilligt wurde.

Lange Zeit seines Lebens bemühte sich Gandhi darum, die Unberührbarkeit abzuschaffen. Er prägte den Ausdruck *harijan* (Kind Gottes), der anstelle des Wortes Unberührbarer gebraucht werden sollte. Er setzte sich dafür ein, den Unberührbaren unter dem Schutzschirm des Hinduismus den gleichen Status zu verleihen, und stieß nicht nur auf Widerstand von seiten konservativer Hindus, sondern auch von gewissen Unberührbaren, die sich vom Hinduismus abspalten wollten, um politische Gleichberechtigung zu erlangen und die Reform voranzutreiben.

Im Bereich der Wirtschaftsreformen setzte sich Gandhi in erster Linie dafür ein, die Lebensbedingungen der Landbevölkerung, welche die Mehrzahl der Inder ausmachte und sehr arm war, zu verbessern. Er entwickelte Programme zur Einführung des Schulwesens, zum Aufbau von sanitären Anlagen und einem staatlichen Gesundheitsdienst in den Dörfern. Gleichzeitig forderte er, daß die Dorfbewohner sich selbst halfen, indem sie eigene Industrien aufbauten. Gandhi konzentrierte sich auf die Arbeit am Spinnrad und auf das Weben. Er argumentierte, daß mit selbstgesponnenem Garn innerhalb des Dorfes Kleider gewoben werden könnten. Dadurch hätten die Dorfbewohner eine Einnahmequelle zur Unterstützung des Familieneinkommens aus landwirtschaftlicher Tätigkeit. Gandhi rief auch den Rest der indischen Bevölkerung dazu auf, die Sache der Dorfbewohner zu unterstützen, indem sie nur noch handgesponnene und -gewebte Kleidung trugen.

Gandhi glaubte an die Gleichwertigkeit aller Arten von Arbeit. Er nahm an der Entstehung und Entwicklung der Gewerkschaftsbewegung teil und bat niemals einen seiner Anhänger, eine Arbeit zu verrichten, die er nicht auch selbst ausgeführt hätte.

Gandhi war der Überzeugung, daß alle Religionen ein Ausdruck der Wahrheit seien und daß Anhänger verschiedener Glaubensrichtungen in Frieden und Einklang miteinander leben könnten und sollten. Er weihte einen großen Teil seines Lebens dem Ziel der Abschaffung von Gewalt und der Förderung von gegenseitigem Respekt und Toleranz zwischen Hindus und Muslims. Er wollte ein vereintes Indien schaffen, in dem Hindus und Muslims nach der Unabhängigkeit friedlich zusammenleben konnten – und so die Entstehung Pakistans vermeiden. In dieser Hinsicht war er nicht erfolgreich.

Was den persönlichen Bereich betrifft, verbrachte Gandhi lange Zeit seines Lebens in einem Ashram, der am besten als spirituelle Gemeinschaft beschrieben werden kann. Alle Bewohner des Ashrams mußten in freiwilliger Armut leben, Unberührbarkeit ablehnen, sich der Wahrhaftigkeit und Gewaltlosigkeit verpflichten und die gleiche Verantwortung für alle zum Erhalt des Ashrams notwendigen

Die Lehren aus Gandhis Leben stellen unsere Ansichten über den Führungsstandard auf die Probe – Ansichten, die viele von uns als notwendig für den Erfolg akzeptiert haben.

Gandhi glaubte an einen einheitlichen Verhaltensstandard im öffentlichen wie im privaten Leben – an einen auf Integrität gegründeten und von den absoluten Werten der Wahrhaftigkeit und Gewaltlosigkeit bestimmten Standard.

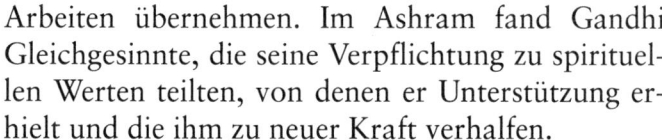

Arbeiten übernehmen. Im Ashram fand Gandhi Gleichgesinnte, die seine Verpflichtung zu spirituellen Werten teilten, von denen er Unterstützung erhielt und die ihm zu neuer Kraft verhalfen.

Die Lehren aus Gandhis Leben stellen unsere Ansichten über den Führungsstandard auf die Probe – Ansichten, die viele von uns als notwendig für den Erfolg akzeptiert haben. Während sich die meisten Führungskräfte mit Machtsymbolen identifizieren, um sich über die von ihnen geführten Menschen zu erheben, symbolisierte Gandhi die Menschen, denen er dienen wollte. Er versuchte, wie sie zu sein, mit seinem Lendentuch und seiner Verpflichtung zur freiwilligen Armut. Er war mehr ein Symbol für den Dienst am Nächsten als für Macht.

Gandhi glaubte an einen einheitlichen Verhaltensstandard im öffentlichen wie im privaten Leben – an einen auf Integrität gegründeten und von den absoluten Werten der Wahrhaftigkeit und Gewaltlosigkeit bestimmten Standard. Er glaubte, daß der einzelne Ideale hat und nach ihnen leben sollte, und er hat bewiesen, daß ein Idealist durchaus praxisbezogen und effizient sein kann. Was er forderte, war Integrität und nicht Unfehlbarkeit. Er fürchtete sich nicht davor, sich seine Fehler anzusehen und vor anderen einzugestehen. Er strebte nicht nach konsequentem Handeln, außer in seiner Suche nach Wahrhaftigkeit.

Alle politischen Ziele, Strategien und Gesetze haben letztlich Auswirkungen auf Mensch oder Umwelt. Gandhi glaubte, daß moralische Grundsätze bei der Festlegung von Zielen, der Auswahl von Strategien und der Entscheidungsfindung mit einbezogen werden sollten. Er arbeitete an der Verbesserung zugunsten aller Menschen, damit sie frei von Angst und Ausbeutung leben können.

Einige von Gandhis Ideen mögen uns heute als überholt erscheinen – anwendbar nur für die räumlichen und zeitlichen Gegebenheiten zu seinen Lebzeiten. Doch seine Botschaft bezüglich der grundlegenden Werte der Wahrhaftigkeit, Gewaltlosigkeit und des Dienens ist für alle Zeiten gültig. Er forderte von uns nicht nur die Ablehnung von körperlicher Gewalt, sondern auch von Gewaltanwendung gegenüber dem Geist. Es wird täglich offensichtlicher, daß sich, wenn wir uns Gandhis Ideal der Gewaltlosigkeit nicht zu eigen machen, der Zustand der gesamten menschlichen Zivilisation bis zu einem Punkt verschlimmern wird, an dem das Leben unerträglich wird.

Heute sprechen wir oft davon, körperliche Gewalt mit noch mehr Gewalt und geistige Gewalt mit Gesetzen unter Kontrolle zu halten. Vielleicht ist das notwendig. Doch bin ich überzeugt, daß die einzige langfristige Lösung, die wir und besonders die jungen Leute unter uns anstreben sollten, das Ideal der Gewaltlosigkeit ist – nicht die Gewaltlosigkeit des Feiglings, sondern die des Mutigen. Wir brauchen ein neues heldenhaftes Ideal: den mutigen, wahrhaften und gewaltlosen Menschen, der sich in den Dienst der Menschheit stellt, sich Ungerechtigkeit und Ausbeutung widersetzt und uns führt, indem er an unsere Ideale und unseren Geist appelliert. Gandhi verkörpert solch ein heroisches Ideal.

Gandhis Leben weist uns den Weg zu einem höheren Führungsstandard, bei dem die auf einem

> *Seine Botschaft bezüglich der grundlegenden Werte der Wahrhaftigkeit, Gewaltlosigkeit und des Dienens ist für alle Zeiten gültig. Er forderte von uns nicht nur die Ablehnung von körperlicher Gewalt, sondern auch von Gewaltanwendung gegenüber dem Geist.*

Wir brauchen ein neues heldenhaftes Ideal: den mutigen, wahrhaften und gewaltlosen Menschen, der sich in den Dienst der Menschheit stellt, sich Ungerechtigkeit und Ausbeutung widersetzt und uns führt, indem er an unsere Ideale und unseren Geist appelliert.

einheitlichen Verhaltensstandard beruhende Integrität im Mittelpunkt steht. Hier ist die Geisteshaltung des Dienens zwingend, und Entscheidungen und Handeln sind an moralische Grundsätze gebunden.

Die Lehren aus Gandhis Leben fordern jeden einzelnen von uns heraus, unsere Rolle einzunehmen und uns für die Förderung und Umsetzung eines höheren Standards einzusetzen. Falls Sie sich auf eine Führungsposition vorbereiten, kann Ihnen dieses Buch dabei helfen, Ideale zu schaffen, aufzeigen, wie Sie sich auf sie zubewegen können, und Sie so auf den Weg bringen. Bekleiden Sie bereits eine führende Stellung mit Macht und Privilegien, so ruft Sie dieses Buch dazu auf, Ihr Verhalten genauer zu betrachten und sich selbst einen höheren Standard zu setzen.

TEIL 1

EIN EINHEITLICHER VERHALTENSSTANDARD

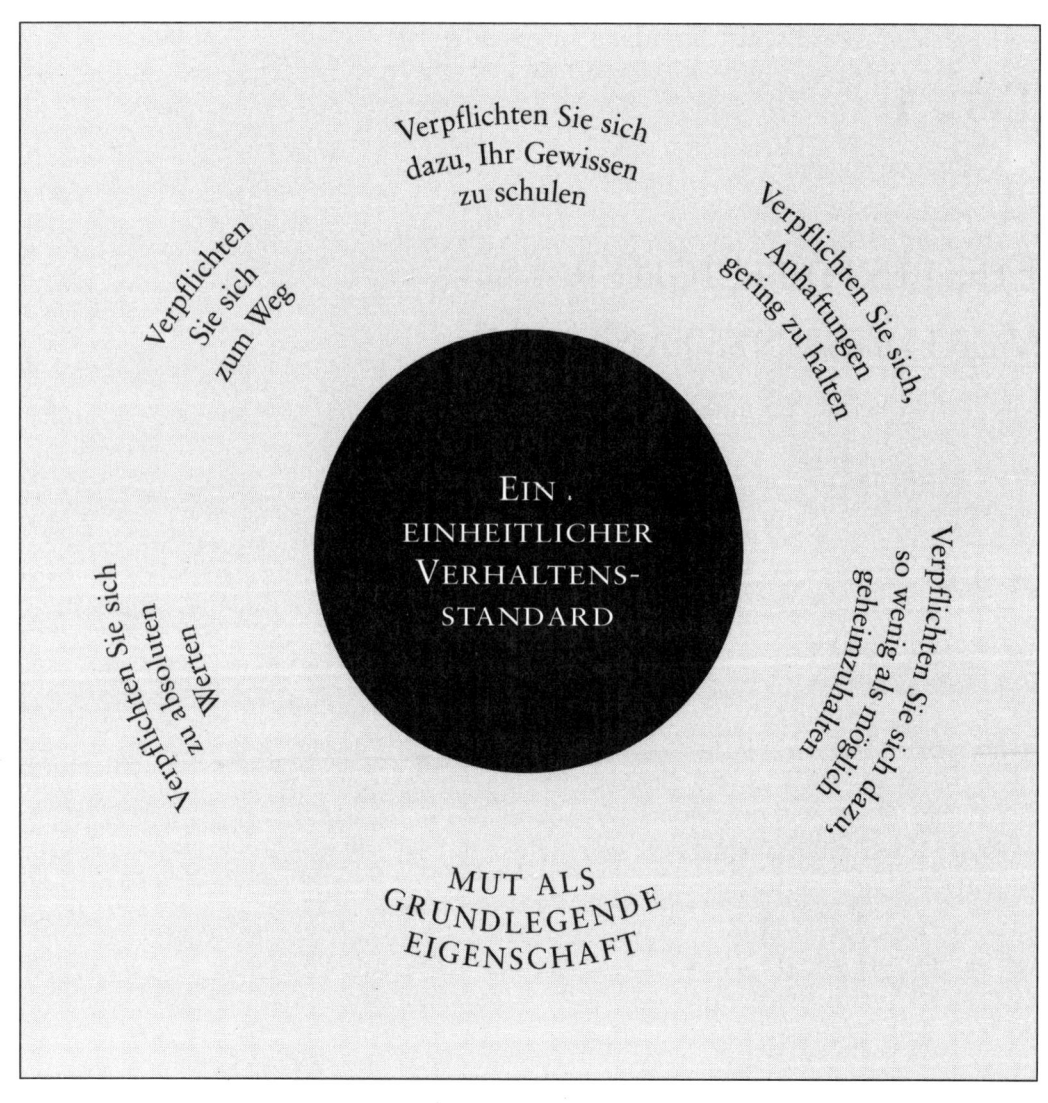

Verpflichten Sie sich dazu, Ihr Gewissen zu schulen

Verpflichten Sie sich, Anhaftungen gering zu halten

Verpflichten Sie sich zum Weg

EIN
EINHEITLICHER
VERHALTENS-
STANDARD

Verpflichten Sie sich dazu, so wenig als möglich geheimzuhalten

Verpflichten Sie sich zu absoluten Werten

MUT ALS
GRUNDLEGENDE
EIGENSCHAFT

Wir wurden dazu verleitet zu glauben, daß es einen bestimmten Standard für Moral und Verhalten im Privatleben und einen anderen im öffentlichen Bereich gibt. Wir haben inzwischen akzeptiert, daß ein niedriger moralischer Standard notwendig ist, um in der politischen und wirtschaftlichen Realität die Dinge am Laufen zu halten. Dies ist das »Evangelium« der Eigennützigkeit – der doppelte Verhaltenskodex. Er wird angeheizt durch die Idee, um jeden Preis gewinnen zu wollen: daß Resultate das einzige sind, was zählt.

Die Tatsache, daß viele dem doppelten Standard anhängen, ist allgegenwärtig. Politiker erwarten von uns, daß wir sie nach ihren legislativen Errungenschaften beurteilen und nicht nach ihrer persönlichen Handlungsweise. Soziale Aktivisten, die sich auf die hohe moralische Grundlage ihrer persönlichen Philosophie berufen, wenden Gewalt an, um ihre Ziele zu erreichen. Manager wollen nicht, daß wir ihr Verhalten überprüfen, sondern erwarten, daß wir uns ausschließlich auf das von ihnen Erreichte konzentrieren. Und viele Journalisten, die sich persönlich zur Wahrheit verpflichtet haben, erliegen dem Druck, die ersten sein zu müssen, und veröffentlichen lieber Halbwahrheiten anstatt zunächst alle Einzelheiten des Berichts abzuwarten.

Wenn solch ein Führungsstil beispielgebend ist, durchdringt der doppelte Standard den gesamten Betrieb. Im Wirtschaftsleben verstehen neue Angestellte, die aufsteigen möchten, die Spielregeln schnell, und viele unter ihnen opfern ihre Ideale um des Erfolges willen. Die meisten von uns haben schon an Sitzungen teilgenommen, in denen sie mit

Wir haben inzwischen akzeptiert, daß ein niedriger moralischer Standard notwendig ist, um in der politischen und wirtschaftlichen Realität die Dinge am Laufen zu halten. Dies ist das »Evangelium« der Eigennützigkeit – der doppelte Verhaltenskodex.

Die Wahrheit ist, daß wir den Respekt vor unseren Führungspersönlichkeiten verlieren, wenn wir ihr Verhalten – sei es nun öffentlich oder privat – nicht billigen. Führungskräfte, die nicht unseren Respekt fordern, verringern die Legitimität ihrer Führungsrolle und verlieren unser Vertrauen.

ansehen konnten, wie jemand sich für eine Arbeit rühmen ließ, die er nicht getan hatte. Wir haben schon beobachtet, wie einzelne vorsätzlich Informationen und Hilfsmittel zurückhielten, um die Erfolgschancen ihrer Kollegen zu schmälern. Diese Akzeptanz eines niedrigeren Standards ist auch außerhalb der Geschäftswelt und der politischen Arena weit verbreitet – vom Berater oder Anwalt, der seinen Kunden ein paar zusätzliche Stunden in Rechnung stellt, über den Automechaniker, der unverrichtete Arbeit berechnet, bis hin zu Personen, die unrechtmäßig Versicherungsleistungen geltend machen.

Als Erwachsener – Älterer oder Elternteil – stehen wir auf vielfältige Weise in vorderster Linie der Führerschaft. Vor vielen Jahren saß ich in einem Restaurant am Nebentisch eines Paares und ihrer etwa 13jährigen Tochter. Als der Vater den Kreditkartenbeleg erhielt, schrieb er etwas auf die Rückseite. Die Tochter nahm und begutachtete ihn, worauf sie recht laut verkündete: »Aber er hat doch gar nicht mit uns gegessen.« Die Eltern tauschten schweigend Blicke aus. In diesem Falle wurde der doppelte Verhaltensstandard auf dem grundlegendsten Niveau zur Sprache gebracht: in der Familie, durch ein Kind. Ohne an das schlechte Beispiel zu denken, das sie ihrem Kind geben, haben die Eltern demonstriert, daß es unter gewissen Umständen angebracht ist zu lügen. Das Kind wurde so in den doppelten Standard eingeführt. Als ein gutes Beispiel voranzugehen ist zentral für die Führungsrolle.

Einige verteidigen den doppelten Standard, indem sie auf die Tatsache hinweisen, daß viele Menschen mit fragwürdigem privaten Moralverständnis hervorragende Leistungen im öffentlichen Bereich erbringen und daß viele Menschen, deren Handlungsweise im öffentlichen Leben bedenklich erscheint, gute Familienmitglieder und Freunde abgeben. Dem ist so. Doch die Wahrheit ist, daß wir den Respekt vor unseren Führungspersönlichkeiten verlieren, wenn wir ihr Verhalten – sei es nun öffentlich oder privat – nicht billigen.

Führungskräfte, die nicht unseren Respekt fordern, verringern die Legitimität ihrer Führungsrolle und verlieren unser Vertrauen. Führungspersönlichkeiten, denen man nicht vertraut, können schlecht andere zu Größe anleiten. Dies macht die Führungstätigkeit nicht nur weniger effektiv, sondern vermindert auch die Hoffnungen der Gesellschaft. Wir fühlen uns hoffnungslos und werden zynisch, da wir unseren Führungskräften nicht trauen können. Dies kommt einer Verrohung der Seele gleich.

In der Geschichte der Führungspersönlichkeiten im öffentlichen Bereich gab es kein Individuum, das sich so wie Gandhi einem einheitlichen Verhaltensstandard im privaten wie im öffentlichen Leben verschrieben hatte. Er glaubte und handelte nach dem Glaubenssatz, daß Führungskräfte die Verantwortung tragen, mit ihrem Verhalten ein Beispiel zu setzen. Gandhi wies die Aufspaltung in unterschiedliche Bereiche von sich. Sein politisches Leben unterschied sich in nichts von seinem privaten Leben, und beide gründeten auf seiner Religion. »Schaut euch mein Leben an«, sagte er, »wie ich lebe, esse, sitze, rede und mich im allgemeinen verhalte. Die Gesamtsumme all dessen in mir ist meine Religion.«[3]

Um die Legitimität von Führungspersönlichkeiten und den Respekt für die Führungstätigkeit und das System, in dem wir leben, zu vergrößern, müssen wir Gandhis Ideal des Einheitsstandards als gültig anerkennen.

Wenn wir unsere Ideale verlieren, fehlt es uns an Tiefe, wir hören auf zu denken und an uns zu arbeiten, doch vor allem verlieren wir das Gefühl der Verbundenheit mit unseren Mitmenschen.

Um die Legitimität von Führungspersönlichkeiten und den Respekt für die Führungstätigkeit und das System, in dem wir leben, zu vergrößern, müssen wir Gandhis Ideal des Einheitsstandards – eines einheitlichen, durchgängigen Verhaltensstandards sowohl im öffentlichen wie auch im privaten Leben – als gültig anerkennen. Dies ist kein Aufruf zur Perfektion. Es geht darum, unser Handeln aufzuwiegen – darum, ein Ziel anzustreben und etwas zur Hand zu haben, das uns hilft, unsere Fehler in den Griff zu bekommen.

Debatten über Theorien der Volks- und Betriebswirtschaft, wie freie Märkte, die Rolle der Regierung, Profitmaximierung und kompetitive Strategien, haben keinen Einfluß auf das Wesen der Führerschaft oder der Gesellschaft. Unser Festhalten an einem Einheitsstandard hingegen schon. Ideale sind Nahrung für unsere Seele. Wenn wir unsere Ideale verlieren, fehlt es uns an Tiefe, wir hören auf zu denken und an uns zu arbeiten, doch vor allem verlieren wir das Gefühl der Verbundenheit mit unseren Mitmenschen. Dieser Verlust nährt die spirituelle und körperliche Gewalt in unserer Umgebung. Damit eine harmonische Gesellschaft entstehen kann, muß der wirtschaftliche Fortschritt in die Verpflichtung zu Idealen eingebettet sein. Schon vor 2000 Jahren stellte man sich die Frage: »Was kann eine Nation durch wirtschaftlichen Fortschritt gewinnen, wenn sie dabei ihre Seele verliert?«

Es genügt nicht, die Menschen zu ermahnen, nach einem Einheitsstandard zu leben. Wir müssen es auch umsetzen können. Wir brauchen Richtlinien, die von Menschen in allen Bereichen unserer Gesellschaft – von den potentiellen Führungskräften von morgen an Gymnasien und Universitäten bis hin zu Eltern und Lehrern, von Führenden auf lokaler Ebene bis hin zu nationalen und internationalen Führungspersönlichkeiten – verstanden und so gut als möglich nachgelebt werden können. Wir müssen uns einen Arbeitsplan aufstellen, um das Ziel des Einheitsstandards zu erreichen. Jedes Individuum – ob Mann oder Frau – wird seinen eigenen Weg innerhalb dieses Prozesses finden.

Sich auf ein Ideal zuzubewegen erfordert Verbindlichkeit. Dies unterscheidet sich in nichts von jedem Bemühen, in einem Bereich hervorragende Leistungen zu erbringen – vom Sport bis hin zur Wissenschaft, von der Musik bis hin zur Mathematik. Es gibt jedoch zwei wesentliche Unterschiede: Im persönlichen Bereich ist es schwieriger, ein Verhaltensideal anzustreben, weil unser Verhalten alles mit einschließt, was wir tun. Andererseits haben wir alle das Potential zu herausragenden Fähigkeiten – wir dürfen uns alle als begabt ansehen.

Nachdem ich Gandhis Hinterlassenschaft durchgesehen hatte, konnte ich fünf Grundsätze herauskristallisieren, die für *Führen durch Vorbild* maßgeblich sind:

- Entwickeln Sie die Basis für einen einheitlichen Verhaltensstandard: Verpflichten Sie sich zu absoluten Werten
- Bekennen Sie sich zum Ideal: Verpflichten Sie sich zum Weg

Im persönlichen Bereich ist es schwieriger, ein Verhaltensideal anzustreben, weil unser Verhalten alles mit einschließt, was wir tun. Andererseits haben wir alle das Potential zu herausragenden Fähigkeiten – wir dürfen uns alle als begabt ansehen.

Jeder von uns muß sich dazu verpflichten, nach einem einheitlichen, durchgängigen Verhaltensstandard zu leben – wenn w i r es tun, so muß uns unsere Führung nachfolgen.

• Entwickeln Sie das Leitbild, das Sie auf Ihrem Weg begleiten wird: Verpflichten Sie sich dazu, Ihr Gewissen zu schulen
• Verringern Sie die Einflüsse, welche Sie vom Weg abbringen: Verpflichten Sie sich, Anhaftungen gering zu halten
• Seien Sie gewillt, genauer Prüfung standzuhalten: Verpflichten Sie sich dazu, so wenig als möglich geheimzuhalten

Ich denke, die Tatsache, daß viele der Übungssituationen öffentlich sind, macht das Streben nach einem Einheitsstandard in einem Führungszusammenhang besonders schwierig. Oder, sinngemäß ausgedrückt, Ausrutscher und schlechte Noten werden von allen gesehen und gehört. Mut ist die grundlegende persönliche Eigenschaft, die zur Einhaltung der fünf Grundsätze benötigt wird. Wie uns Gandhis Leben mustergültig gezeigt hat, handelt es sich dabei um den Mut des Geistes, verbunden mit einem unbezähmbaren Willen. Jeder von uns muß sich dazu verpflichten, nach einem einheitlichen, durchgängigen Verhaltensstandard zu leben – wenn *wir* es tun, so muß uns unsere Führung nachfolgen.

1

ENTWICKELN SIE DIE BASIS FÜR EINEN EINHEITLICHEN VERHALTENSSTANDARD: VERPFLICHTEN SIE SICH ZU ABSOLUTEN WERTEN

In jedem Bereich menschlichen Strebens suchen wir nach universellen Prinzipien, die Ordnung in das Chaos bringen. In der Wissenschaft bemühen wir uns um umfassende Theorien und Gesetze. Im Geschäftsleben suchen wir nach strategischen Konzepten, um unsere Entscheidungsfindung zu erleichtern. Auch um als menschliche Wesen wachsen und unser Verhalten lenken zu können, brauchen wir universelle Prinzipien: absolute Werte.

Absolute Werte können aus religiösem Bewußtsein – einem Versuch, das Individuum dem Göttlichen näherzubringen – oder direkt durch einen Verhaltenskodex entstehen. Während Gandhis Ansatzpunkt an sich zweifellos religiös war, machte er sich den Leitgedanken, der jeder Religion und Kultur innewohnt, zu eigen: andere wie sich selbst zu behandeln. Absolute Werte sind in jedem Bereich notwendig, ganz gleich, ob Sie Student oder Lehrer,

Um als menschliche Wesen wachsen und unser Verhalten lenken zu können, brauchen wir universelle Prinzipien: absolute Werte.

*Die größte
Verantwortung
fällt den
Führungskräften
zu. Über welches
Instrument zur
Führung anderer
verfügen sie,
ohne den Kompaß
absoluter Werte?*

Elternteil oder Kind, Manager oder Angestellter, Politiker oder Wahlberechtigter sind. Die größte Verantwortung fällt indessen den Führungskräften zu. Über welches Instrument zur Führung anderer verfügen sie, ohne den Kompaß absoluter Werte?

Gandhi prägte zwei absolute Werte: Wahrhaftigkeit und Gewaltlosigkeit. Sie gehören für ihn zusammen, beide sind miteinander verbunden, sind jeweils Ziel in sich und zugleich Wege zu *einem* gemeinsamen Ziel – zwei Seiten einer Medaille.

Gandhis Definition von Wahrheit war breit gefaßt: »Denken, Sprechen und Handeln sollten wahrhaftig sein.«[4]

Wenn Wahrhaftigkeit unser Handeln bestimmt, bewegen wir uns auf eine völlige Übereinstimmung von Worten und Taten zu. Dies heißt, *wahrhaftig zu leben* – wahrhaftig zu denken und zu handeln.

Für Gandhi war Gott wahrhaftig. In diesem Sinn gab er dem Ausspruch »Du sollst die Wahrheit kennen, und die Wahrheit soll dich befreien« eine religiöse Bedeutung. Die Ernsthaftigkeit Ihres persönlichen Einsatzes auf der Suche nach der Wahrheit wird Ihre Verpflichtung zur Wahrhaftigkeit im Umgang mit anderen Menschen bestimmen. Dies ist die Grundlage des oft zitierten Rates, der Laertes in Shakespeares *Hamlet* gegeben wird: »Dies über alles: sei dir selber treu, und daraus folgt, so wie die Nacht dem Tage, du kannst nicht falsch sein gegen irgendwen.«

Gandhis Definition der Gewaltlosigkeit war ebenso umfassend. Sie war nicht nur eine Ablehnung von Gewalt, sondern umfaßte die tatkräftige Liebe für die gesamte Menschheit. »Gewaltlosigkeit mit ›Liebe‹ zu übersetzen ist das höchste Gesetz der Menschen«, sagte er. »Es kennt keine Ausnahme.«[5]

Für Gandhi umfaßte Gewalt alle Formen der Ausbeutung, einschließlich der Diskriminierung und Armut. Gewaltlosigkeit erfordert Handeln, gegen alle Formen der Ausbeutung anzugehen.

Es mag andere allumfassende absolute Werte geben, doch ich bin der Ansicht, daß wir uns die Werte der Wahrhaftigkeit und Gewaltlosigkeit aneignen und zu praktischen Aufgaben schreiten sollten.

WARUM WAHRHAFTIGKEIT UND GEWALTLOSIGKEIT?

Nachdem ich Gandhis Ansicht, daß absolute Werte grundlegend für das Verhalten in der Praxis sind, übernommen hatte, versuchte ich zu begründen, was es heißt, in einem konkreten Umfeld wahrhaftig zu leben. In unserem persönlichen Leben müssen wir Wahrhaftigkeit in den Beziehungen zu anderen Menschen, in der Familie und zu Freunden, üben. Ähnliche Beziehungen gibt es im Geschäftsleben zu Kunden, Kollegen, Angestellten, Aktionären sowie in unserer Gesellschaft. Mir wurde klar, daß vieles, was wir für unsere Führung in Wirtschaft, Regierung und Gemeinden anstreben, mit dem Begriff des wahrhaftigen Lebens übereinstimmt.

Das Streben nach Qualität und Wahrhaftigkeit in Werbung, Verkauf und Marketing bedeutet, im Hinblick auf unsere Kunden wahrhaftig zu sein. »Zu seinem Wort zu stehen« bedeutet, wahrhaftig

Gandhi prägte zwei absolute Werte: Wahrhaftigkeit und Gewaltlosigkeit. Sie gehören für ihn zusammen, beide sind miteinander verbunden, sind jeweils Ziel in sich und zugleich Wege zu einem gemeinsamen Ziel – zwei Seiten einer Medaille.

Wenn Wahr-
haftigkeit unser
Handeln bestimmt,
bewegen wir uns
auf eine völlige
Übereinstimmung
von Worten und
Taten zu.
Dies heißt,
w a h r h a f t i g
z u   l e b e n –
wahrhaftig zu denken
und zu handeln.

zu sein gegenüber Angestellten und Kollegen. Die Öffentlichkeit mit genauen Informationen über Produktrisiken und -nebenwirkungen, Umweltbelastung und den Nutzen für die Volkswirtschaft zu versorgen bedeutet, im Hinblick auf die Gesellschaft wahrhaftig zu leben. Wenn wir all dies als moralisch unerläßlich betrachten, wird es zu unserer Grundlage, wahrhaftig zu leben, und wir werden dieses Selbstverständnis nicht aufgrund von kurzfristigen Rückschlägen – wie Rückgang der Verkaufszahlen oder sinkende Gewinne – aufgeben.

Wahrhaftigkeit ist auch aus pragmatischen Gründen wichtig. Sehen wir sie als absoluten Wert an, so verpflichten wir uns dazu, die Dinge so zu sehen, wie sie wirklich sind. Wie können wir überhaupt handeln und des Erfolges gewiß sein, ohne ein wahres Verständnis der Wirklichkeit? Es ist schwierig, die Wirklichkeit als solche anzunehmen, besonders wenn dazu ein gewisser Wandel erforderlich ist. Es besteht ein persönliches Interesse am Status quo. Wenn sich Führungskräfte zu einer bestimmten Handlungsweise verpflichten, ist es für sie schwierig zu akzeptieren, daß sie sich möglicherweise geirrt haben. Führende amerikanische Entscheidungsträger konnten die in Vietnam begangenen Fehler nicht eingestehen, nachdem sie sich auf eine Strategie der militärischen Auseinandersetzung festgelegt hatten. IBM, General Motors und viele andere Großunternehmen mußten zunächst große finanzielle Verluste hinnehmen, bevor sie erkannten, daß sich der Wettbewerb verschärft und die Bedürfnisse der Kunden verändert hatten. Die Verpflichtung zur Wahrhaftigkeit bringt einen moralischen Imperativ hervor, der Sie dazu zwingt, die Gegebenheiten als solche zu akzeptieren und den ersten wichtigen Schritt der Wirklichkeitserfassung zu gehen.

Die praktische Bedeutung von Gewaltlosigkeit wurde mir klar, nachdem ich begriffen hatte, daß Gewaltanwendung Ausbeutung mit einschließt. Die Umwelt zu schützen, Benachteiligte zu unterstützen und allen Formen der Diskriminierung ein Ende zu setzen sind Handlungsweisen, welche der Vorstellung Gandhis von Gewaltlosigkeit entsprechen. Gerade weil wir alle unsere Arbeitskräfte und die Fähigkeiten eines jeden benötigen und weil wir unseren Nachkommen eine bewohnbare Umwelt hinterlassen sollten, ist die Verpflichtung zur Gewaltlosigkeit von praktischem Nutzen. Gewaltlosigkeit ist der moralische Imperativ, der unsere Bemühungen lenkt, auf diese Bedürfnisse hinzuarbeiten.

PSEUDOWERTE

Wir müssen auf der Hut sein vor Ideologien, Tradition und Unternehmenszielen, die als absolute Werte verkleidet daherkommen. Diese Pseudowerte schließen nationale Interessen, Patriotismus, Gruppenloyalität, Kapitalismus, freie Märkte und das Überleben des Unternehmens mit ein. Wenn wir sie zu absoluten Werten verdrehen, könnte es passieren, daß wir Grundsätzliches auf dem Altar der Zweckdienlichkeit opfern.

Ohne den Standard der absoluten Werte können Pseudowerte zur Rechtfertigung von Gewalt und

Gewaltlosigkeit erfordert Handeln, gegen alle Formen der Ausbeutung anzugehen.

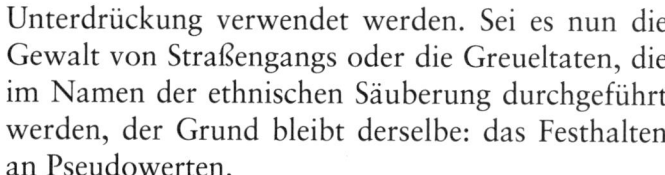

Vieles, was wir für unsere Führung in Wirtschaft, Regierung und Gemeinden anstreben, stimmt mit dem Begriff des wahrhaftigen Lebens überein.

Unterdrückung verwendet werden. Sei es nun die Gewalt von Straßengangs oder die Greueltaten, die im Namen der ethnischen Säuberung durchgeführt werden, der Grund bleibt derselbe: das Festhalten an Pseudowerten.

Die Diskriminierung von ethnischen und religiösen Minderheiten sowie von Frauen wurde in allen Teilen der Welt aufgrund von Pseudowerten – religiösen Dogmen, Tradition, sozialen Bräuchen – zugelassen. Wenden wir aber die Regeln der Wahrheit und Gewaltlosigkeit auf diese Tradition und Bräuche an, so sehen wir die Ungerechtigkeit, welche ihnen innewohnt. Wir erkennen, daß es sich nicht nur um eine Frage von Rechten handelt, sondern um grundsätzliche Werte.

Für die große Mehrheit der Hindus war die Unberührbarkeit ein grundlegender Bestandteil des Hinduismus. Obwohl Gandhi ein frommer Hindu war, konnte er deren Ausübung nicht mit den absoluten Werten der Wahrhaftigkeit und Gewaltlosigkeit in Einklang bringen. Auf einer öffentlichen Sitzung 1929 in Rangoon sagte er: »Der Hinduismus muß zugrunde gehen, oder die Unberührbarkeit muß vollständig ausgemerzt werden.«[6] Unermüdlich und gegen den Widerstand traditionsgebundener Hindus, setzte er sich für die Abschaffung der Unberührbarkeit ein.

Wie die meisten Menschen bewundere ich Loyalität und den Einsatz für eine Sache oder Führungspersönlichkeit. Doch die Geschichte hat uns die bittere Lektion erteilt, daß Loyalität und Einsatz fehlgeleitet und in Strategien der Ausgrenzung, Diskriminierung und Unterdrückung verkehrt werden können. Die Politik der Apartheid in Südafrika und die Judenverfolgung im 3. Reich sind Beispiele für die Gefahr der Hingabe an Pseudowerte.

In der Geschäftswelt kann Loyalität zum Unternehmen Menschen dazu verleiten, fragwürdiges Verhalten im Umgang mit Angestellten zu unterstützen, qualitative Mängel zu übersehen oder Auswirkungen auf die Umwelt außer acht zu lassen. Ständige Vorsicht bei dieser Art von fehlgeleiteter Loyalität ist eine Verpflichtung zu absoluten Werten.

DIE NOTWENDIGKEIT, ABSOLUTE WERTE KONKRET UMZUSETZEN UND ZU PRÜFEN

Wenn wir gefragt werden, behaupten wir vielleicht, der Wahrhaftigkeit und Gewaltlosigkeit anzuhängen. Unser Handeln im Geschäftsleben, in der Politik, an der Hochschule oder im Familienleben wird dieser Behauptung jedoch selten gerecht, da wir diese Werte nicht *konkret angewandt* oder operationalisiert haben.

Werte in konkrete Schritte umzusetzen bedeutet, danach zu handeln. Gandhi setzte die absoluten Werte der Wahrhaftigkeit und Gewaltlosigkeit um, als er seinen Ashram gründete. Die Ziele der Gemeinschaft waren das Festhalten an Wahrhaftigkeit und Gewaltlosigkeit sowie wirtschaftliche Selbstversorgung. Zwei der Grundsätze, die das Leben im Ashram bestimmten, waren Handarbeit und die Abschaffung der Unberührbarkeit. Dies wurde

Wahrhaftigkeit und Gewaltlosigkeit sind praktische Werte – wir können sie als Leitbilder für unsere Arbeit und unser Privatleben anwenden.

Wir sollten das Ideal anstreben. Das Wissen um unsere Unfähigkeit, Vollkommenheit zu erlangen, ist keine Entschuldigung dafür, daß wir uns nicht einsetzen.

durch die Bedingung verwirklicht, daß jeder, Gandhi eingeschlossen, an allen für den Fortbestand des Ashrams notwendigen Aufgaben mitwirken mußte. Darin mit eingeschlossen war das Reinigen der Latrinen, was traditionellerweise die Arbeit der Unberührbaren war.

Wenn wir unsere Ideale nicht konkret umsetzen und überprüfen, sind sie oft nicht mehr als leere Worte. In der Wirtschaft wurde jahrelang über die Qualität von Produkten geredet, doch wurden erst nach der Einführung von Qualitätskriterien in die Entwicklung und Herstellung der Produkte echte Qualitätsverbesserungen realisiert. Ein neuer Maßstab mündete in konkret überprüfbare Qualitätsanforderungen und zog so einzelne zur Verantwortung. Auf die gleiche Weise übernehmen wir Verantwortung, wenn wir unsere Werte konkret umsetzen und bereit sind, dafür geradezustehen.

Wahrhaftigkeit und Gewaltlosigkeit sind praktische Werte – wir können sie als Leitbilder für unsere Arbeit und unser Privatleben anwenden. Die vollständige Verpflichtung ist das Ideal, doch auch jede Zunahme unserer Bereitschaft, uns für etwas einzusetzen, hat einen wesentlichen, positiven Einfluß auf die Führungsqualität. Gandhis Botschaft ist, daß wir das Ideal anstreben sollen. Das Wissen um unsere Unfähigkeit, Vollkommenheit zu erlangen, ist keine Entschuldigung dafür, daß wir uns nicht einsetzen.

2

BEKENNEN SIE SICH ZUM IDEAL: VERPFLICHTEN SIE SICH ZUM WEG

Die vollständige Verpflichtung zu Wahrhaftigkeit und Gewaltlosigkeit ist das Ideal. Um diesem Ideal näherzukommen, müssen wir unsere Überzeugungen in Handlungen umsetzen. Gemäß unseren Überzeugungen zu handeln ist richtig und hilft uns, auf dem Weg zum Ideal zu bleiben. Dies ist leicht gesagt, aber schwierig zu realisieren. Es ist einfach, verstandesmäßig an etwas zu glauben, doch bedarf es des Willens zur Verpflichtung, um nach diesen Anschauungen zu leben – und genau das ist es, was wir brauchen, um auf dem Weg zu bleiben.

1904, im Alter von 35 Jahren, lebte Gandhi in Südafrika und publizierte in der *Indian Opinion*. Er hatte seine Lebensweise bereits in einem wesentlichen Ausmaß vereinfacht, als er John Ruskins *Unto This Last* las – ein Buch, das sein Leben veränderte.

Gandhi leitete drei Grundsätze von Ruskins Buch ab: erstens, daß das Wohl des einzelnen im Wohle aller enthalten ist; zweitens, daß jede Arbeit denselben Wert besitzt, und drittens, daß ein

Gemäß unseren Überzeugungen zu handeln ist richtig und hilft uns, auf dem Weg zum Ideal zu bleiben.

Das Ziel ist, morgen zu versuchen, alles ein wenig besser zu tun als heute. Der Weg zu einem höheren Führungsstandard besteht in ständiger Verbesserung.

Leben in Arbeit wert ist, gelebt zu werden. »Ich erhob mich bei Tagesanbruch«, sagte Gandhi, »mit dem Entschluß, diese Grundsätze in die Praxis zu überführen.«[7]

Gandhi las Ruskin im Oktober. Im Dezember hatte er die Publikation der *Indian Opinion* auf eine Farm verlegt. Die Arbeit an der Zeitung wurde nach getanem Werk an Haus und Hof gemacht. Jeder, der auf der Farm lebte, mußte Handarbeit verrichten, und jeder erhielt dieselbe Entlohnung. Gandhi bekannte sich zum Ideal des einheitlichen Verhaltensstandards, faßte den Entschluß, sich für den Weg zu verpflichten, und setzte diese Verpflichtung in konkretes Handeln um.

BEWERTEN SIE IHR HANDELN

Damit wir den Weg beschreiten können, müssen wir all unser Handeln nach den absoluten Werten der Wahrhaftigkeit und Gewaltlosigkeit beurteilen und die Anzahl der Handlungen erhöhen, welche dazugehören. Das Ziel ist, morgen zu versuchen, alles ein wenig besser zu tun als heute. Der Weg zu einem höheren Führungsstandard besteht in ständiger Verbesserung.

In Geschäftskreisen wird diese ständige Verbesserung bereits in Funktionsbereichen wie Produktion, Marketing und Finanzen angewandt. Wollen wir auf dem Weg zu einem höheren Führungsstandard bleiben, so muß die Anwendung der ständigen Verbesserung ausgeweitet werden und moralisches Verhalten einschließen.

Der Weg zu einem Ideal endet nie. Es gibt immer noch etwas zu verbessern. Seien Sie nicht entmutigt, wenn das Ideal weit entfernt scheint. Betrachten Sie die Entfernung als ein Maß Ihres Potentials – nicht Ihrer Unzulänglichkeit. Mit zunehmender Macht und wachsendem Prestige wird es schwieriger, auf dem Weg zu bleiben. Die Auswirkungen Ihrer Handlungen sind größer, und es wird schwieriger, der Versuchung von Macht und Privilegien zu widerstehen. In diesem Fall müssen Sie vielleicht Ihrer Verpflichtung noch ernsthafter nachkommen.

Selbst nachdem Gandhi das Ansehen eines weltweiten Führers erlangt hatte, bemühte er sich weiterhin mit größtmöglicher Kraft um sein Ideal. Sein Sekretär Pyarelal beschreibt das Ritual, das Gandhi mit 77 Jahren jeden Tag ausführte:

Täglich hielt er schweigend Gericht über sich selbst und forderte sich auf, über die nichtigste seiner Handlungen Rechenschaft abzulegen. Nichts entging seiner genauen Prüfung. Er hatte keine Nachsicht mit sich selbst. Manchmal schien es beim Zuschauen eher, als treibe er seine Selbstprüfung und Selbstkasteiung so weit, daß er sich und den Menschen in seiner nächsten Umgebung gegenüber ungerecht sei. Er hielt beispielsweise die alte Gewohnheit aufrecht, nach dem öffentlichen Abendgebet dem Harijan Fonds gespendete Schmuckstücke zu versteigern. Um Zeit zu sparen, hatte er diesen Brauch aufgegeben, doch es machte ihn unglücklich, Zeit auf Kosten der Harijans zu sparen, als deren Vertreter er sich betrachtete, also nahm er ihn wieder

Seien Sie nicht entmutigt, wenn das Ideal weit entfernt scheint. Betrachten Sie die Entfernung als ein Maß Ihres Potentials – nicht Ihrer Unzulänglichkeit.

Es ist nicht einfach, auf dem Weg zu bleiben. Wir alle brauchen Beistand. Daher ist es wichtig, daß wir uns mit Kollegen zusammenschließen, die unsere Verpflichtung zum Weg teilen.

auf. An einem regnerischen Samstagabend wurde das Gebet unter einer durchnäßten *shamiana* (einem großen Zelt) abgehalten. Danach fand keine Versteigerung statt, da die Menschenmenge viel kleiner war als sonst. Später fühlte sich Gandhi deswegen schuldig. Bekundete er nicht fehlenden Glauben, indem er aufgrund der geringen Anzahl von Anwesenden niedrigere Versteigerungseinnahmen befürchtete?[8]

Einige mögen solch eine Hingabe an ständige Vervollkommnung als extrem ansehen, besonders in einem so fortgeschrittenen Stadium des Lebens. Aber wenn Sie sich bemühen, in Ihrem persönlichen Verhalten keinen einzigen Fehler zu machen, ist dies der Preis, den Sie zahlen müssen.

Bleiben Sie auf dem Weg

Es ist nicht einfach, auf dem Weg zu bleiben. Wir alle brauchen Beistand. Es ist wichtig, sich daran zu erinnern, daß Gandhi den größten Teil seiner Zeit mit den Mitgliedern seines Ashrams verbrachte. Diese Männer und Frauen hatten sich zu denselben absoluten Werten verpflichtet wie er. Daher ist es wichtig, daß auch wir uns mit Kollegen zusammenschließen, die unsere Verpflichtung zum Weg teilen.

Gandhi gebrauchte Gelübde, um sich selbst die nötige Disziplin zur Einhaltung seiner Verpflichtung aufzuerlegen – eine Praxis, die mit der Tradition der meisten Religionen übereinstimmt. Auf das Alltagsleben angewandt, entspricht dies der »ein-

mal und für immer getroffenen Entscheidung«. Entschließt sich beispielsweise eine Person, keine Drogen zu nehmen, so braucht sie nicht jedesmal, wenn
sich eine Gelegenheit dazu bietet, den gesamten
Entscheidungsprozeß zu durchlaufen – die Entscheidung wurde bereits gefällt. Ein Vegetarier entscheidet sich nicht, ob er Fleisch essen wird,
während er die Speisekarte studiert – er hat sich bereits entschieden.

Eine andere Möglichkeit besteht darin, unsere
Verpflichtung öffentlich kundzutun. Wenn wir dies
tun, erzeugen wir eine äußere Quelle der Disziplin,
gemäß unserer Verpflichtung zu handeln, und ziehen die Aufmerksamkeit der Öffentlichkeit auf
Themen, die uns wichtig sind.

1920 legte Gandhi das Gelübde ab, nur noch
handgesponnene und -gewebte Kleider anzuziehen,
und 1921 gelobte er, täglich zu spinnen. Gandhi
entwickelte das Geschick, sich zu unterhalten, Interviews zu geben und Verhandlungen zu führen,
während er spann, um so sein Gelübde in die Tat
umzusetzen. All dies unterwarf seine Verpflichtung
einer genauen Prüfung und half, die öffentliche
Aufmerksamkeit auf ein Thema zu lenken, das ihm
wichtig war.

Versuchen wir ein Abschweifen vom Weg zu vermeiden, so ist es wesentlich, unsere täglichen Verrichtungen zu bewerten. Auf seinen Zugreisen
durch Indien fuhr Gandhi stets dritter Klasse, die
schmutzig, überfüllt und sehr ermüdend war – und
immer noch ist. Auf einer dieser Reisen gab ein
Freund Gandhi die Gelegenheit, während eines
Aufenthalts den Waschraum der zweiten Klasse zu

*Versuchen wir
ein Abschweifen
vom Weg
zu vermeiden,
so ist es wesentlich,
unsere täglichen
Verrichtungen
zu bewerten.*

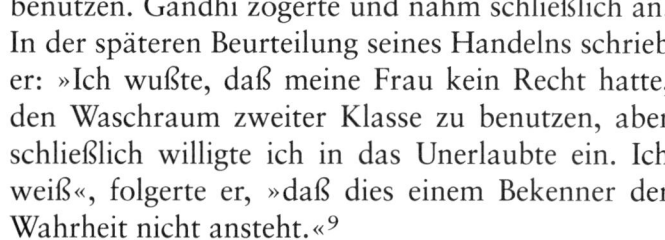

Wenn wir unsere täglichen Verrichtungen einer Bewertung unterziehen, entwickeln wir die Fähigkeit, in wesentlicheren Fragen moralisch urteilen zu können.

benutzen. Gandhi zögerte und nahm schließlich an. In der späteren Beurteilung seines Handelns schrieb er: »Ich wußte, daß meine Frau kein Recht hatte, den Waschraum zweiter Klasse zu benutzen, aber schließlich willigte ich in das Unerlaubte ein. Ich weiß«, folgerte er, »daß dies einem Bekenner der Wahrheit nicht ansteht.«[9]

Wenn wir unsere täglichen Verrichtungen einer Bewertung unterziehen, entwickeln wir die Fähigkeit, in wesentlicheren Fragen moralisch urteilen zu können. Athleten, die Leistungen auf Weltklasseniveau erzielen wollen, beurteilen jeden Aspekt ihres Trainings, ihrer Diät, ihrer Ausrüstung und ihrer erbrachten Leistungen – nichts ist zu belanglos. Auf die gleiche Art und Weise wird uns die Disziplin der eigenen Bewertung dazu verhelfen, den Stand unserer Leistungen als Führungskräfte anzuheben.

3

ENTWICKELN SIE DAS LEITBILD, DAS SIE AUF IHREM WEG BEGLEITEN WIRD: VERPFLICHTEN SIE SICH DAZU, IHR GEWISSEN ZU SCHULEN

Ohne geschultes Gewissen wird es für jemand schwierig sein, den Pfad des einheitlichen Verhaltensstandards vom schlüpfrigen Abweg der Eigennützigkeit zu unterscheiden.

Der Anspruch, auf dem verbindlichen Weg eines Verhaltensstandards zu bleiben, verlangt, daß wir unser Handeln innerhalb eines moralischen Rahmens beurteilen. Die Fähigkeit, die wir dazu brauchen, ist ein *ausgebildetes* Gewissen – die disziplinierte, moralische innere Stimme, die uns sagt, was wir zu tun haben. Nach Gandhi ist dies »ein Wesenszug oder Zustand, der sich durch stete Übung einstellt.«[10] Ohne geschultes Gewissen wird es für jemand schwierig sein, den Pfad des einheitlichen Verhaltensstandards vom schlüpfrigen Abweg der Eigennützigkeit zu unterscheiden.

Ein geschultes Gewissen wird durch Selbstreflexion entwickelt. Doch ohne Verpflichtung zur Wahrhaftigkeit führt Selbstreflexion nur zu logischen Erklärungen.

Für den ersten Schritt ist es am besten, die Disziplin der Wahrhaftigkeit in alltäglichen Äußerungen

Ein geschultes

Gewissen wird durch

Selbstreflexion

entwickelt. Doch

ohne Verpflichtung

zur Wahrhaftigkeit

führt Selbstreflexion

nur zu logischen

Erklärungen.

und Handlungen anzuwenden. Ist es wirklich wahr, daß mir die Zeit zum Üben fehlt, wenn ich Zeit finde fernzusehen? Vielleicht fällt es mir nur schwer zuzugeben, daß ich zu faul bin?

Begeben wir uns auf die Unternehmensebene, so sehen wir leitende Angestellte in der amerikanischen Tabakindustrie gegen das Verbot von Zigarettenwerbung argumentieren, indem sie sich auf die Grundrechte der freien Meinungsäußerung stützen. Wären sie wohl auch gegen das Verbot, wenn es das Potential für eine Gewinnsteigerung in sich tragen würde? Oft fällt es uns schwer, die wahren Gründe für unsere Haltungen zuzugeben. Auf nationaler Führungsebene verkündete der amerikanische Präsident Bush den Eintritt in den Golfkrieg als eine Frage von Prinzipien – die Amerikaner seien im Falle einer nicht provozierten Aggression gegen eine wehrlose Nation dazu verpflichtet zu handeln. Hätten Sie ihre Truppen in den Kampf geschickt, wenn es kein Erdöl in Kuwait gäbe? Es mag sich als schwierig erweisen, unsere Handlungen nach unserer Verpflichtung zur Wahrhaftigkeit zu beurteilen, aber es ist notwendig, wenn wir einen höheren Verhaltensstandard erreichen wollen.

DIE DISZIPLIN DER SELBSTREFLEXION

Moralisches Wachstum ist nicht möglich ohne die Disziplin regelmäßiger Selbstreflexion, die am besten als Dialog mit sich selbst beschrieben werden kann. Formulieren Sie Fragen, suchen Sie nach Antworten, und beurteilen Sie Ihr Verhalten. Meiner Meinung nach ist die einfachste – aber in mancherlei Hinsicht die tiefgründigste – Frage, die man sich stellen kann: »Habe ich andere so behandelt, wie ich gerne behandelt werden möchte?«

Die meisten von uns überdenken ihre Handlungsweise erst, nachdem sie bemerkt haben, daß sie jemanden verletzt oder ihm ein Unrecht getan haben. Dies ist bestimmt ein guter erster Schritt, aber er ist reaktiv. Wir sollten durch disziplinierte und regelmäßige Selbstreflexion aktiv handeln lernen.

Gandhi bewies, daß Selbstreflexion eine nützliche Übung für einen politischen Führer ist. Obwohl er ein Mann der Tat war, bestand seine erste Tätigkeit jeden Morgen in mindestens einer Stunde Gebet und Meditation. Zudem leitete er Gebete bei Sonnenuntergang und verbrachte einen Tag pro Woche in Schweigen. Sein Handeln analysierte er in den von ihm herausgegebenen Wochenzeitschriften *Young India*, *Navajivan* und *Harijan* sowie in seinem Briefwechsel mit Kollegen. Keine dieser zeitraubenden Aktivitäten verringerten das Arbeitspensum, das er leistete, sondern stärkten ihn. Wir müssen nicht Gandhis Niveau erreichen. Die Richtung, die er sich gesteckt hat, kann uns jedoch von großem Nutzen sein.

Ich glaube nicht, daß disziplinierte Selbstreflexion uns wertvolle Arbeitszeit raubt. Sie nährt den Geist und erhöht die Intensität und Qualität unserer Arbeit. Vielleicht denken Sie, daß Ihnen dazu die Zeit fehlt. Aber Sie finden wahrscheinlich genügend Zeit, um sich mit anderen zu besprechen und mit ihnen über Unternehmensgrundsätze, Hand-

> *Moralisches Wachstum ist nicht möglich ohne die Disziplin regelmäßiger Selbstreflexion, die am besten als Dialog mit sich selbst beschrieben werden kann.*

Disziplinierte

Selbstreflexion

raubt uns keine

wertvolle Arbeitszeit.

Sie nährt den Geist

und erhöht

die Intensität

und Qualität

unserer Arbeit.

lungskonzepte, Strategien und Ihren Terminkalender zu diskutieren. Wenn Sie Ihre Selbstreflexion als eine Besprechung mit sich selbst betrachten, so können Sie sie genauso wie Besprechungen mit anderen in Ihren Terminkalender eintragen. Haben Sie sich einmal fürs Nachdenken Zeit genommen, werden Sie bald bemerken, daß die Disziplin, Ihr Handeln vor dem Hintergrund der absoluten Werte der Wahrhaftigkeit und Gewaltlosigkeit zu betrachten, alle Ihre Aktivitäten zu durchdringen beginnt.

Die gleiche Disziplin kann im Geschäftsleben angewandt werden. Erfolgreiche Unternehmensführer bewerten bereits all ihr Tun nach den strategischen Imperativen, die sie in ihrem Unternehmen gesetzt haben. Um das Führungsniveau der nächsthöheren Stufe zu erreichen, ist es notwendig, diese Bewertungen auszuweiten und moralische Fragen mit einzubeziehen. Strategische Rückzüge – Klausursitzungen, in denen die Geschäftsleitung über strategische Herausforderungen nachdenkt, denen sich das Unternehmen stellen muß – können erweitert werden auf Wahrhaftigkeit im Umgang mit Kunden, Angestellten und Aktionären sowie auf Gewaltlosigkeit durch das Beseitigen der Diskriminierung von Frauen und Minderheiten oder von Umweltzerstörung.

4

VERRINGERN SIE DIE EINFLÜSSE, WELCHE SIE VOM WEG ABBRINGEN: VERPFLICHTEN SIE SICH, ANHAFTUNGEN GERING ZU HALTEN

Wir alle hängen an etwas, haben innere Bindungen zum Partner, zu Besitz, Privilegien und anderen Dingen in unserem Leben, auf die wir nicht verzichten möchten. Einige dieser Anhaftungen, wie die Familie oder die Heimat, sind wünschenswert und haben Menschen zu großen Taten bewogen. Wir müssen jedoch zugeben, daß Anhaftungen wie Macht, Privilegien und Besitz es erschweren, hohe moralische Maßstäbe einzuhalten. Diese fundamentale Wahrheit wird von allen großen Weltreligionen anerkannt. Buddha machte das Anhaften als einen der Gründe des Leidens aus. Christus wies darauf hin, wie unglaublich schwierig es für einen reichen Menschen sei, in den Himmel zu kommen. Sogar ein dem Dienen geweihtes Leben kann eine versteckte Anhaftung einschließen – den Wunsch nach Anerkennung in diesem oder einem der nächsten

> *Wir müssen zugeben, daß Anhaftungen wie Macht, Privilegien und Besitz es erschweren, hohe moralische Maßstäbe einzuhalten.*

Wir wissen,

was zu tun wäre,

doch unsere

Bindungen halten

uns davon ab,

es zu tun, und so

tolerieren wir – und

unterstützen damit –

schlechte Führung.

Leben. Zu erkennen, daß Anhaftungen einen gro-ßen Einfluß auf die Führungsqualität haben, ist der erste Schritt, ihre Wirkung zu kontrollieren.

Führung wird stets von Macht und Privilegien begleitet sein. In vielen Fällen bietet eine Führungs-position zusätzlich die Möglichkeit, Reichtum zu erlangen. Aber das Anhaften an Privilegien, Macht und Reichtum kann den Führungsstandard ver-ringern. In Extremfällen wird die Erhaltung der Privilegien zum einzigen Ziel des Führenden. Die-ser Tatsache begegnen wir überall, wo wir hin-schauen. Wir haben gesehen, wie Diktatoren ihren Machthunger mit zunehmend repressiven Maß-nahmen stillten, und wir sahen, wie Bankiers und Spekulanten ihren hohen Lebensstandard beibe-halten konnten, indem sie Ersparnisse anderer durchbrachten.

Anhaftungen können alle Ebenen eines Unter-nehmens untergraben. Wir brauchen Arbeit und finanzielle Sicherheit. Dies kann uns beispielsweise davon abhalten, an unserem Arbeitsplatz gegen un-sittliches Verhalten Stellung zu beziehen. Wir wis-sen, was zu tun wäre, doch unsere Bindungen hal-ten uns davon ab, es zu tun, und so tolerieren wir – und unterstützen damit – schlechte Führung.

Als Einzelpersonen müssen wir zugeben, daß un-ser persönliches Verlangen nach einem ständig stei-genden Lebensstandard Konflikte erzeugen kann, wenn wir einen höheren Führungsstandard errei-chen wollen. An einem gewissen Punkt sollten wir zu dem Schluß kommen, daß wir einen angemesse-nen Lebensstandard erreicht haben. Ist diese Ent-scheidung einmal gefallen, so werden wir eher in

Einklang mit unseren Idealen der Wahrhaftigkeit und Gewaltlosigkeit leben.

Es ist möglich, sich hohe moralische Anforderungen zu stellen und zugleich den materiellen Gewinn zu genießen, welchen der Erfolg mit sich bringt. Jawaharlal Nehru, Indiens erster Premierminister, war solch ein Mensch, ebenso wie die Präsidenten Washington, Lincoln, Carter und die Generäle George Marshall, Omar Bradley und Colin Powell.

Im Laufe meiner beruflichen Tätigkeit bin ich erfolgreichen Geschäftsleuten begegnet, die hohe moralische Ansprüche an sich stellten. Ich bemerkte zwei Eigenschaften, die ihnen allen zu eigen waren: Sie messen ihren Erfolg nicht allein an der Stellung, die sie in dem Unternehmen innehaben, und streben nicht nach ständig wachsendem Reichtum. Diese Menschen werden ihren Verhaltensstandard nicht für mehr Macht oder Besitz opfern.

VERRINGERN SIE IHRE BINDUNGEN

In der Anfangszeit seiner politischen Verwicklungen dachte Gandhi über den Einfluß von Bindungen nach. Er fragte sich, was er tun konnte, »um vollkommen unberührt zu bleiben von Unmoral, Unwahrheit und dem, was als politischer Gewinn bezeichnet wird.«[11] Die erste Anforderung, für die er sich entschied, bestand darin, auf all seinen weltlichen Besitz zu verzichten – in freiwilliger Armut zu leben. Gandhi erreichte dieses Ziel nicht in einem einzigen Schritt. Zunächst vereinfachte er sein Leben und senkte seinen Lebensstandard. Später zog er mit

Wenn Sie Ihren Bedürfnissen Grenzen setzen und Ihren Wunsch nach ständig wachsendem Reichtum zügeln, räumen Sie einen der Haupteinflüsse, der Sie zu unmoralischen Handlungen verleiten könnte, aus dem Weg.

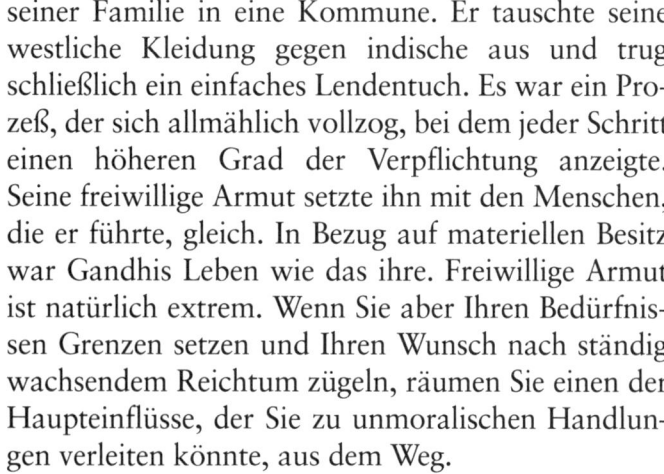

Der erste Schritt besteht darin, die Grundlagen für die verschiedenen Privilegien, die Sie als Führungspersönlichkeit erlangt haben, zu verstehen.

Jedes Privileg sollte dazu beitragen, die Unternehmensziele zu erreichen – und Sie sollten sich dem Ziel verpflichten, nicht dem Privileg.

seiner Familie in eine Kommune. Er tauschte seine westliche Kleidung gegen indische aus und trug schließlich ein einfaches Lendentuch. Es war ein Prozeß, der sich allmählich vollzog, bei dem jeder Schritt einen höheren Grad der Verpflichtung anzeigte. Seine freiwillige Armut setzte ihn mit den Menschen, die er führte, gleich. In Bezug auf materiellen Besitz war Gandhis Leben wie das ihre. Freiwillige Armut ist natürlich extrem. Wenn Sie aber Ihren Bedürfnissen Grenzen setzen und Ihren Wunsch nach ständig wachsendem Reichtum zügeln, räumen Sie einen der Haupteinflüsse, der Sie zu unmoralischen Handlungen verleiten könnte, aus dem Weg.

Haben Sie einmal erkannt, daß Bindungen an Privilegien und Macht Sie daran hindern können, als Vorbild zu führen, dann können Sie Schritte unternehmen, um sie zu verringern.

Der erste Schritt besteht darin, die Grundlagen für die verschiedenen Privilegien, die Sie als Führungspersönlichkeit erlangt haben, zu verstehen. Einige sind für eine größere Effizienz notwendig, einige repräsentieren die symbolische Rolle der Führung, und einige sind Teil des Gehalts. Vielleicht ist eine unabhängige Prüfung nötig, um festzustellen, welche Privilegien worauf basieren. Sucht das Unternehmen nach den Gründen für mangelnde Effizienz und strebt Kostensenkung durch Gehaltskürzungen und Entlassungen an, so sollten auch die Privilegien der Führerschaft untersucht und wo nötig reduziert werden. Jedes Privileg sollte dazu beitragen, die Unternehmensziele zu erreichen – und Sie sollten sich dem Ziel verpflichten, nicht dem Privileg.

Macht wird innerhalb eines Unternehmens zu bestimmten Zwecken verteilt – zur Förderung der Unternehmensziele. Schwierigkeiten entstehen, wenn sich Macht zu einer Bindung entwickelt und dazu mißbraucht wird, noch mehr Macht und Privilegien anzuhäufen.

Als ein dem höheren Standard verpflichteter Mensch sollten Sie Macht innerhalb der Grenzen einsetzen, die durch Ihre Werte vorgegeben sind. Zudem sollten Sie gewillt sein, Ihre Macht zu riskieren, wenn Ihre Verpflichtung zu diesen Werten auf dem Spiel steht. Ich sah, wie sich Angestellte – unter beträchtlichem Risiko für ihre Karriere – weigerten, eine Expertise zu erstellen für Entwicklungsprojekte, die ihrer Meinung nach der Umwelt geschadet oder die öffentliche Sicherheit gefährdet hätten. Ich weiß von Geschäftsführern, die eher das Unternehmen verlassen hätten, als eine Entlassungsstrategie umzusetzen, die Angestellte um ihre rechtmäßige Abfindungssumme geprellt hätte. In gewissen Fällen zwang solch eine Verpflichtung das Unternehmen dazu, seine Vorgehensweise neu zu überdenken. Was auch immer dabei herauskommt, dies ist die Art von Menschen, die zu einem höheren Führungsstandard beiträgt.

Es ist wesentlich, Anhaftungen an Reichtum, Macht und Privilegien zu verringern, damit Sie Ihre Verpflichtung zu absoluten Werten einhalten können. Als Führende können Sie zu Offenheit ermutigen und Geheimniskrämerei einschränken, um so eine Quelle der Disziplin zu liefern, welche hilft, diese Bindungen zu reduzieren.

Schwierigkeiten entstehen, wenn sich Macht zu einer Bindung entwickelt und dazu mißbraucht wird, noch mehr Macht und Privilegien anzuhäufen.

5

SEIEN SIE GEWILLT, GENAUER PRÜFUNG STANDZUHALTEN: VERPFLICHTEN SIE SICH DAZU, SO WENIG ALS MÖGLICH GEHEIMZUHALTEN

Die Verpflichtung, so wenig als möglich geheimzuhalten, zwingt uns, an die Folgen unseres Handelns zu denken, und gibt uns die Disziplin, die uns hilft, auf dem Weg zu bleiben. »Meiner Meinung nach«, schrieb Gandhi, »ist Geheimhaltung Sünde und ein Merkmal der Gewalt, und sollte daher ganz klar vermieden werden.«[12] Gandhi war der Ansicht, daß Menschen und Unternehmen, die sich zu Wahrhaftigkeit und Gewaltlosigkeit verpflichtet haben, keine Geheimnisse haben könnten.

Gandhi selbst führte ein der Offenheit verpflichtetes Leben. Seine Autobiographie *Die Geschichte meiner Experimente mit der Wahrheit*, die sein Leben bis 1921 behandelt, ist von einer außergewöhnlichen Aufrichtigkeit geprägt. Er wollte mit seinen »Experimenten« anderen helfen. Er verbarg nichts vor anderen. Er schrieb: »Ich werde häßliche Dinge, die gesagt werden müssen, weder verheimlichen noch abschwächen. Ich möchte den Leser vollständig mit all meinen Fehlern und Irrtümern bekanntmachen.«[13] Gandhi spürte, daß es nicht notwendig war, seine Autobiographie über das Jahr 1921 weiterzuführen. »Mein Leben ist von jenem Zeitpunkt an so öffentlich gewesen, daß es kaum etwas darin gibt, das dem Volke nicht bekannt wäre.«[14]

Da Gandhi kein finanzielles Vermögen besaß, gab es über seine Finanzen nichts zu verheimlichen. Einzelheiten seines persönlichen Lebens, die Besonderheiten seiner täglichen Gewohnheiten eingeschlossen – seine Ernährung, Bäder, Massagen – waren öffentlich bekannt. Jeder, der mit ihm in seinem Ashram lebte und mit ihm unterwegs war, konnte unangemeldet zu jeder Tages- und Nachtzeit seine Räumlichkeiten betreten.

Er sprach offen über seine Ideen und sein Verhalten. Er mied umstrittene Fragen nicht und war immer bereit, seine Ansichten offen darzulegen.

Als Teil der Gesellschaft gehen wir davon aus, daß das Verhalten unserer Führungskräfte und die Leitung der Unternehmen im politischen Bereich genauer Prüfung standhalten sollten. Wir nehmen dies durch unsere Verpflichtung zur Pressefreiheit und zur Ausübung der gesetzgebenden Gewalt ebenso wie die Informationsfreiheit als gegeben hin. Wie dem auch sei, über das Verhalten unserer führenden Wirtschaftsleute wird selbst in Wirtschaftskreisen selten im Detail berichtet, und sie sind einzig, was ihre finanziellen Erträge angeht, der Disziplin totaler Offenlegung unterstellt.

Es gibt wichtige pragmatische Gründe, die für ein Minimum an Geheimhaltung innerhalb eines Un-

Geheimhaltung ist der Feind des Vertrauens und ist verantwortlich für einen großen Teil des Mißtrauens, das zwischen Privatwirtschaft und der Gesellschaft sowie zwischen Unternehmen und Kunden, zwischen Unternehmensleitung und Angestellten herrscht.

Wir teilen Informationen mit Menschen, denen wir vertrauen. Wie können Führungskräfte das Vertrauen der Leute in Anspruch nehmen, wenn sie nicht selbst bereit sind, Informationen zu teilen?

ternehmens sprechen. Führungskräfte, die ihre Strategie, ihre finanziellen Ergebnisse und den Unternehmenserfolg mit ihren Angestellten teilen, lassen zu ihnen ein Gefühl für Partnerschaft entstehen. Partner sind bereit, Anstrengungen zu unternehmen, neue Ideen zu entwickeln, im Notfall Überstunden zu machen und das Gesamtinteresse über das Einzelinteresse zu stellen und somit einen Wettbewerbsvorteil aufzubauen.

Geht es im Geschäftsbereich darum, Kompromisse zu schließen zwischen volkswirtschaftlichem Gewinn, öffentlicher Gesundheit und Sicherheit oder Einflüssen auf die Umwelt, wird dieser Entscheidungsprozeß oft hinter verschlossenen Türen geführt. Nur bei Rechtsverstößen oder der Untersuchung eines umweltschädigenden Unfalls werden solche Absprachen enthüllt. Wenn wir diesen Prozeß bewerten, stellt es sich oft heraus, daß Entscheidungsträger, denen die Disziplin der Offenheit fehlt, leicht kurzfristige wirtschaftliche Gewinne über gesellschaftliche Belange stellen.

Die Kriterien für eine Beförderung werden um so heimlichtuerischer und mehrdeutiger gehandhabt, je höher eine Person in dem Unternehmen gestellt ist. Hier wird Geheimhaltung als notwendig erachtet, um Charakter und Temperament des Kandidaten zu bewerten. Geheimhaltung kann aber auch benutzt werden, um jemanden, der nicht »hineinpaßt«, auszuschließen. Wenn wir so wenig als möglich geheimhalten und unsere Beförderungskriterien offen aussprechen, so unterstellen wir uns einer Disziplin, die uns dazu ermutigt, anders zu sein, und Vorurteilen entgegenwirkt.

TRAGEN SIE DIE VERANTWORTUNG
FÜR EIN MINIMUM
AN GEHEIMHALTUNG

Ein Großteil der Informationen über die Privatwirtschaft, über welche die Öffentlichkeit heute verfügt,
sind Folgen von Gesetzgebung und staatlicher Re-
gulierung. Im allgemeinen ging der Trend zur Geheimhaltung. Sie ist der Feind des Vertrauens und
ist verantwortlich für einen großen Teil des Mißtrauens, das zwischen Privatwirtschaft und der
Gesellschaft sowie zwischen Unternehmen und
Kunden, zwischen Unternehmensleitung und Angestellten herrscht. Viel Druck war zum Beispiel
erforderlich, damit Unternehmen der öffentlichen
Hand Einzelheiten über die Entlohnung der leitenden Angestellten publik machten. Die Führung
erhielt die Geheimhaltung aufrecht, was den Geführten unzumutbar erschien.

   Wir teilen Informationen mit Menschen, denen
wir vertrauen. Dies wird in jedem Bereich unseres
Lebens deutlich, von unseren Familien und Freunden bis hin zu unserer Beziehung zu Ärzten und
Priestern. Wie können Führungskräfte das Vertrauen der Leute in Anspruch nehmen, wenn sie
selbst nicht bereit sind, Informationen zu teilen?

   Die Führungstätigkeit muß eine persönliche Verpflichtung zur Offenheit beinhalten, damit die geführten Menschen die Verpflichtung ihrer Führungspersönlichkeiten zum Weg des einheitlichen
Verhaltensstandards einschätzen können. Dies
sollte eine prinzipielle Angelegenheit sein – nicht

Die Verpflichtung, so wenig als möglich geheimzuhalten, zwingt uns, an die Folgen unseres Handelns zu denken, und gibt uns die Disziplin, die uns hilft, auf dem Weg zu bleiben.

*Eine indirekte Art
der Geheimhaltung
besteht darin,
anderen den Zugang
zu Informationen
zu erschweren.*

angetrieben durch rechtliche und angeordnete Bedingungen. Führende sollten persönliche Verantwortung dafür übernehmen, die zur Bewertung ihrer Führungsqualität nötigen Informationen zu liefern. Eine indirekte Art der Geheimhaltung besteht darin, anderen den Zugang zu Informationen zu erschweren.

DIE VERANTWORTUNG DER MENSCHEN, DIE OFFENHEIT SUCHEN

Wer Informationen verlangt und Sie bewertet, untersteht der Verantwortung, diese Informationen in Einklang mit der Verpflichtung zu absoluten Werten zu gebrauchen. Politische Interessengruppen mißbrauchen Informationen oft, um eine bestimmte Meinung zu verfechten. Viele Aktivisten machen einseitige Angaben, um bestimmte soziale und umweltpolitische Themen auf die Tagesordnung zu bringen. Und Journalisten warten oft nicht alle Fakten ab, bevor sie einen Bericht verfassen. Wenn eine Information aus dem Zusammenhang gerissen und gezielt zur Darlegung eines bestimmten Standpunktes verwendet wird, verstößt dies gegen die Verpflichtung zur Wahrhaftigkeit.

Während meiner eigenen beruflichen Tätigkeit untersuchte ich Gefahren, die verschiedene Entwicklungsprojekte für die Öffentlichkeit bargen, und sah dabei, daß sowohl Unternehmensleiter als auch Umweltaktivisten gezielt bestimmte Ausschnitte der Realität benutzen, um extreme Positionen zu rechtfertigen. Diese Methoden tragen nicht nur zur Verwirrung der Öffentlichkeit bei, sondern verringern auch die Bereitschaft, Informationen weiterzugeben.

Wenn diejenigen, welche nach Offenheit streben, ihrer Verpflichtung zur Wahrhaftigkeit nicht nachkommen, sind sie ebenfalls verantwortlich für den Kreislauf der Täuschung, da sie den Informationsträgern den Vorwand für die Geheimhaltung liefern. Wer erwartet, informiert zu sein, muß auch selbst Verantwortung übernehmen, solange er dies von den Informationsträgern verlangt.

Wenn diejenigen, welche nach Offenheit streben, ihrer Verpflichtung zur Wahrhaftigkeit nicht nachkommen, sind sie ebenfalls verantwortlich für den Kreislauf der Täuschung, da sie den Informationsträgern den Vorwand für die Geheimhaltung liefern.

Jeder Schritt auf dem Weg zu einem höheren Führungsstandard erfordert Mut – den Mut, sich zu absoluten Werten zu verpflichten und zu dem universellen Verhaltenskodex, andere wie uns selbst zu behandeln.

6

DIE GRUNDLEGENDE EIGENSCHAFT: MUT

Körperlicher Mut ist uns allen wohlbekannt als die Bereitschaft, körperliches Leiden um einer edlen Sache willen zu riskieren. Wir ehren diejenigen, welche diese Eigenschaft vorweisen können. Wir betrachten sie als Helden, da sie im Extremfall bereit sind, Ihr Leben für Ihre Überzeugungen zu opfern. Auf moralischer Ebene hat Mut eine ähnliche Bedeutung: zu handeln nach dem, was recht und billig ist, und die Konsequenzen zu tragen. Letztendlich bestimmt moralischer Mut oder Zivilcourage den Führungsstandard in den praktischen Bereichen von Politik, Wirtschaft, Universitäten und den Gemeinden.

Gandhis Weg zu höheren moralischen Ansprüchen begann mit einer einfachen, mutigen Handlung, die er als junger Rechtsanwalt in Südafrika ausführte. Er reiste in einem Zugabteil erster Klasse, als der Kontrolleur kam und von ihm verlangte, den Wagen zu verlassen, da »Farbige« hier keinen Zutritt hätten. Gandhi weigerte sich mit der Begründung, er habe das Recht, in der ersten Klasse zu reisen, da er eine entsprechende Fahrkarte bezahlt habe. Daraufhin wurde er aus dem Zug geworfen.

Zu diesem Zeitpunkt spürte Gandhi, daß er eine Entscheidung fällen mußte. Sollte er Rassenvorurteile als eine Gegebenheit Südafrikas annehmen und seine juristische Arbeit weiterführen, oder sollte er sich dafür einsetzen, daß die Ungerechtigkeit beseitigt wird? Er entschied, sich für Gerechtigkeit einzusetzen. »Ich sollte womöglich versuchen, dies Übel (das Vorurteil gegen die Farbigen) auszurotten und Unannehmlichkeiten im Prozeß zu ertragen.«[15] Dieser Versuch wurde zu einer lebenslänglichen Verpflichtung. Zu diesem Zeitpunkt ahnte Gandhi nicht, wohin sie ihn führen würde. Im Verlauf der Geschichte der menschlichen Zivilisation, haben wenige Entscheidungen mit solch weitreichenden Konsequenzen getroffen.

Moralischer Mut oder Zivilcourage rührt von der Identifikation mit der Güte in uns her. Je größer diese Identifikation ist, desto mehr Mut werden Sie aufbringen. Wenn Sie sich mit dem identifizieren, was Sie als rechtmäßig empfinden, werden Sie den Mut haben, danach zu handeln. Völlige Identifikation gibt einem Menschen das Gefühl, keine andere Wahl zu haben.

Wenn Sie Ihre Zivilcourage unter Beweis stellen und tun, was sie als rechtmäßig erkannt haben, kann es passieren, daß Sie sich unglücklich machen. Unglück begegnet uns auf vielfältige Weise als Verlust von Freunden, Geld, einer Stellung, Ansehen oder Erfolg. In manchen Fällen kann körperliches Leid entstehen, wenn wir tun, was wir als Recht empfinden – oder uns nicht dem unterwerfen, was

In den praktischen Bereichen von Politik, Wirtschaft, Universitäten und den Gemeinden bestimmt moralischer Mut oder Zivilcourage den Führungsstandard.

Wenn Sie Ihre Zivilcourage unter Beweis stellen und tun, was sie als rechtmäßig erkannt haben, kann es passieren, daß Sie sich unglücklich machen. Unglück begegnet uns auf vielfältige Weise als Verlust von Freunden, Geld, einer Stellung, Ansehen oder Erfolg.

wir als Unrecht erkennen. Hier kommen moralischer und körperlicher Mut zusammen.

Als Gandhi seine Reise mit der Postkutsche fortsetzte, war er gezwungen, beides unter Beweis zu stellen. Ihm hätte ein Platz in der Kutsche zugestanden, doch war er gezwungen, draußen zu sitzen. Als der weiße Reiseleiter rauchen wollte, zog dieser es vor, draußen zu sitzen, und verlangte von Gandhi, ihm seinen Platz zu überlassen und sich zu seinen Füßen auf den Boden zu setzen. Gandhi weigerte sich. Der Mann begann daraufhin, auf Gandhi einzuschlagen, der als Anhänger der Gewaltlosigkeit auf Vergeltung verzichtete. »Die Passagiere waren Zeugen dieser Szene«, schrieb Gandhi, »wobei der Mann mich beschimpfte, an mir zerrte und auf mich einschlug, während ich ruhig blieb.«[16] Die Fahrgäste griffen schließlich ein, und der Mann hörte auf zu schlagen. Gandhi durfte seinen Sitzplatz behalten.

Während seines ganzen Lebens bewies Gandhi als Anhänger der Gewaltlosigkeit, daß der Weg, Ungerechtigkeit zu begrenzen, darin besteht, durch Verweigerung der Zusammenarbeit Widerstand zu leisten. Rosa Parks tat genau dies in den Vereinigten Staaten, als sie sich weigerte, in den für Schwarze bestimmten hinteren Teil des Busses zu gehen – eine Handlung, die als Auslöser für den Beginn der amerikanischen Zivilrechtsbewegung angesehen wird. Wenn wir den Führungsstandard anheben wollen, so muß ein jeder von uns Mut beweisen und persönliche Verantwortung dafür übernehmen, daß Ungerechtigkeit beendet wird.

Mut ist wesentlich, wollen wir die Verpflichtung zu einem universellen Verhaltenskodex aufrechter-

halten: andere wie uns selbst zu behandeln. Im ein-
fachsten Falle erfordert es vielleicht Mut, ein
Freund zu sein. In der Geschäftswelt sah ich Manager in Ungnade gefallene Kollegen meiden. Aus
Angst um ihre Karriere fehlte ihnen der Mut, zu
ihrer Freundschaft zu ihnen zu stehen.

Es braucht außerordentlich viel Mut, alle Menschen wie uns selbst zu behandeln. Dies ist die Art
von Mut, die Gandhi verkörperte. Dies macht das
Mitgefühl einer echten großen Führungspersönlichkeit aus. Gandhis Arbeit für die Unberührbaren erforderte den Mut, gegen vorherrschende Bräuche
und die bestehenden Machtverhältnisse anzugehen.

Wenn Sie sich für das erheben, was Sie für rechtens halten, brauchen sie den Mut, zu Ihren Handlungen zu stehen und sich den Konsequenzen zu
stellen. In ihrem Kampf für die Unabhängigkeit
konnten die Inder aufgrund ihrer Forderung und
ihrer Versuche, die »rechtmäßige« Regierung zu
stürzen, ins Gefängnis geworfen werden. Obwohl
Gandhi in Indien wiederholt inhaftiert wurde,
stand er nur ein einziges Mal vor Gericht. Dort erklärte er dem Gerichtspräsidenten: »Ich ersuche Sie
hiermit, über mich das höchste Strafmaß zu verhän-
gen, für eine Tat, die vor dem Gesetz als vorsätz-
liches Verbrechen gilt, und unterwerfe mich Ihrem
Urteil, was mir als höchste Pflicht eines Staatsbür-
gers erscheint.«[17]

Gandhi inspirierte andere durch sein eigenes Beispiel dazu, Zivilcourage zu zeigen – sich zu weigern, sich ungerechten Gesetzen unterzuordnen und
weder zurückzuweichen noch zurückzuschlagen,
wenn sie Gewalt durch Vollzugsbeamte ausgesetzt

Während seines ganzen Lebens bewies Gandhi als Anhänger der Gewaltlosigkeit, daß der Weg, Ungerechtigkeit zu begrenzen, darin besteht, durch Verweigerung der Zusammenarbeit Widerstand zu leisten.

Wenn Sie sich für das erheben, was Sie für rechtens halten, brauchen sie den Mut, zu Ihren Handlungen zu stehen und sich den Konsequenzen zu stellen.

waren. Er animierte auch zu einer anderen Art von Mut: dem Mut, das Gewohnte und Bequeme aufzugeben und neue Herausforderungen anzunehmen. Viele derjenigen, die in vorderster Linie der indischen Unabhängigkeitsbewegung kämpften, gaben ihr leichtes und angenehmes Leben auf, um Gandhis Beispiel eines einfachen Lebens zu folgen. Andere widersetzten sich Familie und Freunden, um für religiöse Toleranz einzustehen, die Lebensbedingungen in den Dörfern zu verbessern und die Unberührbarkeit abzuschaffen.

Eine der Einsichten, die ich durch Gandhi gewonnen habe, ist, daß es unser eigenes Leben ist, durch das wir etwas über moralischen Mut lernen können – indem wir tun, was uns rechtmäßig erscheint und uns nicht der Meinung anderer unterordnen. Wenn es uns gelingt, der Jugend einen Sinn für moralischen Mut zu vermitteln, wird sie das nötige Selbstvertrauen haben, äußerem Druck standzuhalten, der Drogenkonsum, Gewalt und anderes zerstörerisches Verhalten fördert.

MUT UND EIN UNBEZÄHMBARER WILLE

Mit Mut kann eine Führungspersönlichkeit Schlachten schlagen, doch braucht es einen unbezähmbaren Willen, um einen Krieg zu gewinnen. Es ist dieser unbezähmbare Wille des Führenden, der anderen die Zuversicht gibt zu siegen. Er erlaubt ihm, das Unmögliche zu verlangen und es zu erhalten.

Keine der Angelegenheiten, für die Gandhi eintrat und arbeitete, konnte kurzfristig gelöst werden. Seine Beteiligung am Kampf um die Unabhängigkeit von den Briten dauerte mehr als 30 Jahre. Sein Programm zur Abschaffung der Unberührbarkeit und die von ihm ins Leben gerufenen Selbsthilfeprogramme in den Dörfern wurden nie vollendet. Und sein persönlicher Kampf dafür, sich vollständig der Wahrhaftigkeit und Gewaltlosigkeit zu verschreiben, dauerte bis zu seinem Tod.

Jeder Schritt auf dem Weg zu einem höheren Führungsstandard erfordert Mut – den Mut, sich zu absoluten Werten zu verpflichten und zu dem universellen Verhaltenskodex, andere wie uns selbst zu behandeln. Ihr Mut wird anderen als Quelle der Inspiration dienen und wird jenen, mit welchen sie sich zusammenschließen, helfen, ebenfalls höheren Anforderungen zu entsprechen.

Führen ist eine Lebenseinstellung, und Mut macht das Leben lebenswert.

Mit Mut kann eine Führungspersönlichkeit Schlachten schlagen, doch braucht es einen unbezähmbaren Willen, um einen Krieg zu gewinnen. Es ist dieser unbezähmbare Wille des Führenden, der anderen die Zuversicht gibt zu siegen.

Teil II

Der Geist des Dienens

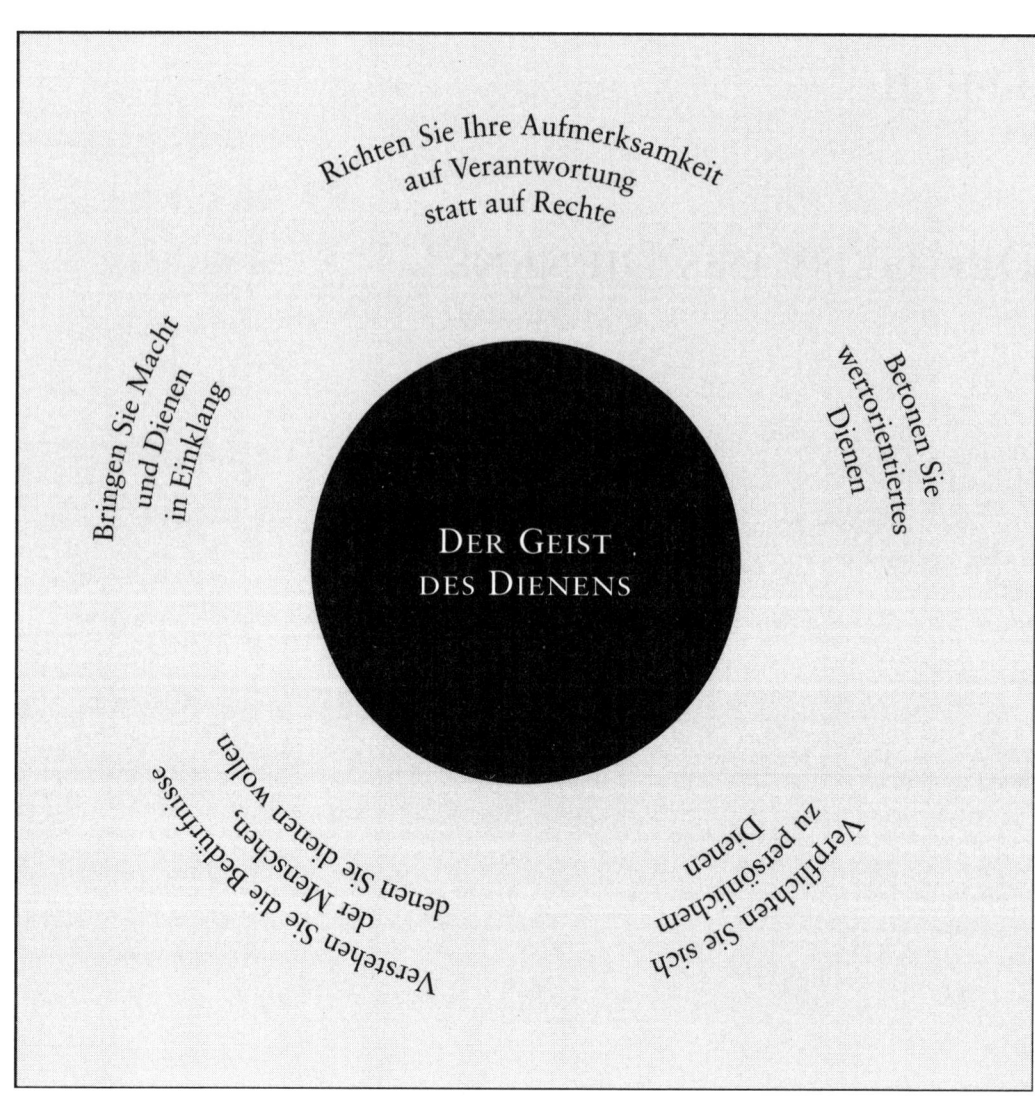

Richten Sie Ihre Aufmerksamkeit
auf Verantwortung
statt auf Rechte

Betonen Sie
wertorientiertes
Dienen

Bringen Sie Macht
und Dienen
in Einklang

DER GEIST
DES DIENENS

Verstehen Sie die Bedürfnisse
der Menschen,
denen Sie dienen wollen

Verpflichten Sie sich
zu persönlichem
Dienen

Gandhi hatte nie einen offiziellen Regierungsposten inne, er besaß keinen Reichtum und befahl über keine Armee – aber er konnte Millionen von Menschen mobilisieren. Die Leute waren bereit, mit ihm und für ihn zu dienen, weil er ihnen sein Leben lang diente.

Viele von uns sind zu dem Schluß gekommen, Führen mit dem Erlangen von Macht gleichzusetzen. Doch solange Macht unsere Vorstellung von Führung dominiert, können wir uns nicht auf einen höheren Führungsstandard zubewegen. Wir müssen das Dienen in den Mittelpunkt stellen. Auch wenn Macht stets mit Führung gleichgesetzt wird, gibt es nur einen rechtmäßigen Gebrauch davon: das Dienen.

Die Wichtigkeit des Dienens für die Führungstätigkeit hat eine lange Geschichte. In früheren Zeiten bekannten sich Monarchen dazu, im Dienste ihres Landes und ihres Volkes zu stehen – auch wenn ihr Handeln damit nicht immer übereinstimmte. In modernen Krönungszeremonien oder Amtseinsetzungen von Staatsoberhäuptern geht es immer darum, den Dienst an Gott, am Land und am Volk zu bekräftigen. Politiker definieren ihre Rollen als Dienst an der Öffentlichkeit. Und im spirituellen Bereich war das Dienen für die Führungsaufgabe stets zentral, was auf höchster Ebene durch Christus symbolisiert wurde, als er die Füße seiner Jünger wusch.

Dienst hat etwas mit Beziehung zu tun. In der Politik handelt es sich um die Beziehung zwischen dem gewählten Repräsentanten und seiner Wählerschaft, an der Universität um die Beziehung zwi-

Wenn der einheitliche Verhaltensstandard die Grundlage eines höheren Führungsstandards ist, so ist der Geist des Dienens das Werkzeug, mit dem die entsprechende Struktur gebildet werden sollte.

Solange Macht unsere Vorstellung von Führung dominiert, können wir uns nicht auf einen höheren Führungsstandard zubewegen.

schen Professoren und Studenten, in der Religion um jene zwischen dem Priester und seiner Kirchengemeinde und im zwischenmenschlichen Bereich um die Verbindung zwischen zwei Liebenden. In der Privatwirtschaft geht es um die Beziehung zwischen dem Unternehmen und seinen Kunden, Aktionären, Führungskräften und Angestellten.

Das Ideal ist der selbstlose Dienst: Sie betrachten alle anderen wie sich selbst und erwarten keine Gegenleistung. Doch wenn Sie nur darauf warten, ohne eigennützige Motive handeln zu können, dann können Sie ewig warten. Gandhi betonte, daß der beste Weg, das Ideal zu erreichen, darin besteht, sich auf den Weg zu machen: »Wenn wir alle uns weigern zu dienen, solange wir nicht vollkommen sind, wird es keinen Dienst geben. Tatsächlich erreichen wir Vollkommenheit, indem wir dienen.«[18]

Am Dienst orientierte Führerschaft bedeutet nicht, daß Sie immer das tun, was andere wollen. Sie müssen innerhalb der Grenzen moralischen Handelns dienen – es geht um *wahrhaftiges* Dienen. Haben Sie sich zu wahrhaftigem Dienst verpflichtet, erzählen Sie den Leuten nicht immer das, was sie hören wollen. Sie werden es ihnen sagen müssen, wenn sie glauben, daß sie sich geirrt haben. Aus diesem Grund ist wahrhaftige Führung nicht immer populär. Gandhi beispielsweise war unnachgiebig in seiner Kritik den Indern gegenüber – unnachgiebig in bezug auf ihren Brauch der Unberührbarkeit, auf ihren Mangel an Sauberkeit und ihr Tolerieren von extremer Armut und übermäßigem Reichtum, was in Indien weitverbreitet war.

Im Februar 1916 hielt Gandhi anläßlich der

Eröffnung der Hindu-Universität in Benares eine Rede. Berühmte Leute aus ganz Indien waren angereist. Juwelenbehängte Maharadschas in eleganter Kleidung saßen in der Nähe des Rednerpults, doch Gandhi wandte sich zuerst an die Studierenden in der Zuhörerschaft.

»Ich reise sehr viel«, sagte er. »Ich beobachte die Schwierigkeiten der Reisenden dritter Klasse. Doch man sollte nicht allein der Eisenbahngesellschaft die Schuld an ihrem harten Los zuschieben. Wir kennen die elementaren Regeln der Sauberkeit nicht. Wir spucken überall auf den Boden des Abteils, ohne daran zu denken, daß er oft als Schlafplatz benutzt wird. Wir kümmern uns gar nicht darum, wie wir mit ihm umgehen. Die Folge davon ist ein unglaublicher Dreck im Abteil.«[19]

Später wandte er sich an die Maharadschas. »Ich vergleiche die Millionen von Armen mit den reich geschmückten Adligen«, sagte er. »Und ich möchte diesen Adligen gerne sagen, daß es keine Rettung für Indien gibt, wenn Sie diesen Schmuck nicht ablegen und ihn treuhänderisch für Ihre Landsleute verwalten.«[20]

Gandhi scheute sich nicht, den Leuten unangenehme Wahrheiten zu verkünden, die sie hören mußten, um persönliche Verantwortung zu übernehmen. Führungspersönlichkeiten, die sich zu Wahrhaftigkeit und Dienen und nicht zu Macht und Popularität verpflichtet haben, haben das Recht, dies zu tun.

Als Führungskräfte müssen wir Unternehmen errichten, die dem Dienen verpflichtet sind. Wir müssen ein Bewußtsein für den Dienst schaffen, eine

Sie müssen innerhalb der Grenzen moralischen Handelns dienen – es geht um wahrhaftiges Dienen. Haben Sie sich zu wahrhaftigem Dienst verpflichtet, erzählen Sie den Leuten nicht immer das, was sie hören wollen.

Kerngruppe bilden, die andere zum Dienen anleitet, ein System entwickeln, das den Dienst tragen kann, und ihn bewerten, um seine Wirksamkeit einstufen zu können. Viele Wirtschaftsunternehmen und gemeinnützige Organisationen erbringen all diese Aufgaben bereits auf ausgezeichnete Weise.

Als leitender Organisator übte Gandhi all diese Funktionen erfolgreich aus. Doch er führte uns damit auch einen höheren Standard vor Augen: Gandhi setzte einen Maßstab, der auf der Beständigkeit des persönlichen Dienens beruht – basierend auf individueller Verantwortung und zwingenden moralischen Prinzipien.

Wenn der einheitliche Verhaltensstandard die Grundlage eines höheren Führungsstandards ist, so ist der Geist des Dienens das Werkzeug, mit dem die entsprechende Struktur gebildet werden sollte. Bei der Untersuchung von Gandhis Leben und seiner Relevanz für heutige Führungsaufgaben, ermittelte ich fünf Schritte, die dazu beitragen werden, das Dienen als Kernstück der Führung zu verstehen:

• Richten Sie Ihre Aufmerksamkeit darauf, Verantwortung zu tragen
• Betonen Sie wertorientiertes Dienen
• Verpflichten Sie sich zu persönlichem Dienen
• Verstehen Sie die Bedürfnisse der Menschen, denen Sie dienen wollen
• Bringen Sie Macht und Dienen in Einklang

Diese Stufen zu erklimmen erfordert keine speziellen Fähigkeiten, einzig den Wunsch und die Verpflichtung zu dienen.

7

RICHTEN SIE IHRE AUF-
MERKSAMKEIT DARAUF,
VERANTWORTUNG ZU TRAGEN

H. G. Wells bat Gandhi einmal um seine Meinung über ein von Wells mitverfaßtes Dokument, mit dem Titel »Rechte des Menschen«. Gandhi war mit dem Nachdruck, den das Dokument auf die Rechte legte, nicht einverstanden. Er antwortete Wells in einem Telegramm:

»Der rechte Weg sieht meiner Meinung nach folgendermaßen aus: Beginnen Sie mit einer Charta der Pflichten des Menschen, und ich versichere Ihnen, daß die Rechte nachfolgen werden wie der Frühling auf den Winter.«[21]

ALS BEISPIEL VORANGEHEN

Es ist wesentlich, Nachdruck auf Pflichten und Verantwortung zu legen, wollen wir einen Geist des Dienens entwickeln. Die meisten Führungskräfte erfüllen die mit den funktionellen Belangen ihrer Stellung verbundene Verantwortung ausgezeichnet. Die Herausforderung an Führungspersönlichkeiten besteht darin, ihre grundlegende Verantwortung als

Die Herausforderung an Führungspersönlichkeiten besteht darin, ihre grundlegende Verantwortung als Menschen wahrzunehmen: andere wie sich selbst zu behandeln.

Wenn wir es unterlassen, die Verantwortung für andere zu tragen, müssen diese selbst auf ihre Rechte bestehen. In einigen Fällen sollten diese Rechte in der Gesetzgebung verankert werden.

Menschen wahrzunehmen: andere wie sich selbst zu behandeln. Führungskräfte sollten als Beispiel vorangehen, das uns alle dazu animiert, unsere persönliche Verantwortung innerhalb unserer Familien und Gemeinden sowie in unserem Freundeskreis wahrzunehmen.

Solange er selbst nicht unter Unberührbaren gelebt und wie sie die Latrinen gereinigt hatte, rief Gandhi niemanden dazu auf, die diskriminierenden Bräuche aufzugeben. Als er nur noch handgewebte und -gesponnene Kleidung trug, konnte er von anderen dasselbe verlangen. Er übte gewaltlosen und wahrhaftigen Widerstand gegen ungerechte Gesetze und ging bereitwillig ins Gefängnis. Folglich hatte er moralisch gesehen das Recht dazu, andere aufzurufen, ihm zu folgen.

Als Geschäftsmann erwarten Sie von anderen, ihren Verpflichtungen gegenüber Aktionären nachzukommen und durch Kostenreduzierung Gewinne zu erzielen. Sie müssen als Beispiel vorangehen und die Kosten reduzieren, die unter Ihrem direkten Einfluß stehen. Als ein Geschäftsführer tragen Sie die Verantwortung, dafür zu sorgen, daß die Personalkosten unter den Vergleichswerten liegen, bevor Sie von anderen erwarten, ihre Ausgaben unter den gewerblichen Standard zu senken. Ob sie nun Abteilungsleiter oder Supervisor sind, das Prinzip bleibt das gleiche: Übernehmen Sie selbst Verantwortung, bevor sie andere dazu auffordern, es zu tun.

VERANTWORTUNG ÜBERNEHMEN UND DABEI AUF RECHTE BESTEHEN

Wenn wir es unterlassen, die Verantwortung für andere zu tragen, müssen diese selbst auf ihre Rechte bestehen. In einigen Fällen sollten diese Rechte in der Gesetzgebung verankert werden. Die Gründerväter der Vereinigten Staaten nahmen ihre Verantwortung weder gegenüber den Frauen wahr, indem sie ihnen das Stimmrecht verweigerten, noch gegenüber den Schwarzen, indem sie die Sklaverei zuließen. Bis vor kurzem kamen wir unserer Verantwortung gegenüber körperlich Behinderten nicht nach. Jede dieser Gruppen mußte um ihre Rechte und um deren Verankerung in der Gesetzgebung kämpfen.

Führende Wirtschaftsleute bestehen auf ihrem Recht, ihre Unternehmenstätigkeit frei von Interventionen der Regierung auszuüben. Dennoch wurde die Mehrheit der Regulierungsmaßnahmen von seiten der Regierung durchgesetzt, weil die Privatwirtschaft ihre Verantwortung, beispielsweise im Bereich des Umweltschutzes oder der Absicherung ihrer Angestellten, nicht wahrnahm. Wenn die Privatwirtschaft von Anfang an Verantwortung getragen hätte, müßte sie heute nicht solch einen Kraftaufwand betreiben, um ihre Rechte geltend zu machen.

Gandhi glaubte immer daran, daß auch diejenigen, welche um ihre Rechte gebracht wurden, ihrer Verantwortung nachzukommen hätten. Er bestand mit Nachdruck darauf, daß die Inder Verantwor-

Ob sie nun Abteilungsleiter oder Supervisor sind, das Prinzip bleibt das gleiche: Übernehmen Sie selbst Verantwortung, bevor sie andere dazu auffordern, es zu tun.

Als Führungskraft in der Privatwirtschaft müssen Sie Ihren Angestellten die Herausforderungen an das Unternehmen bewußtmachen. Zeigen Sie ihnen, wie Sie versuchen, Ihrer Verantwortung nachzukommen, und lernen Sie, auf welche Weise Ihre Angestellten dies tun.

tung füreinander tragen sollten, indem sie sich für die Beseitigung von Unberührbarkeit und Armut einsetzten. Dies, so argumentierte er, würde ihnen, moralisch gesehen, mehr Autorität verleihen, von den Briten ihre eigenen Rechte einzufordern.

Gandhi bestand ebenfalls darauf, daß seine Gegner ein Recht auf Höflichkeit und persönlichen Respekt hatten – das Recht, so behandelt zu werden, wie er selbst gerne behandelt werden würde. Nie vergaß er den menschlichen Aspekt in einer Beziehung. Zu Prinzessin (heute Königin) Elisabeths Hochzeit, sandte er eine handgewebte Teedecke, die aus von ihm gesponnenen Garn hergestellt worden war. Als er in Südafrika im Gefängnis saß, fertigte er ein Paar Sandalen für Feldmarschall Smuts an, der für seine Inhaftierung verantwortlich war.

Dasselbe Prinzip kann auf Geschäftsbeziehungen angewandt werden. Führende Wirtschaftsleute nehmen an Verhandlungen mit der Gewerkschaft, an Geschäften mit Regierungsbeamten sowie am Wettbewerb mit anderen Unternehmen teil. Sie sollten sich immer darum bemühen, Ihrem Gegenüber mit Respekt und Achtung zu begegnen.

Gandhi setzte sich gegen alle Formen der Ausbeutung ein und versuchte diejenigen, die davon profitierten, zu überzeugen, daß sie ihrer persönlichen Verantwortung als Mensch nicht nachkommen würden. Für ihn stand dieses Verhalten nicht nur im Einklang mit den Prinzipien der Wahrhaftigkeit und Gewaltlosigkeit, sondern war auch die einzige langfristige Lösung gegen Ausbeutung. Beispielsweise rief Gandhi in seiner Kampagne für das

Tragen von handgesponnener und -gewebter Kleidung zum Boykott gegen ausländische – hauptsächlich britische – Textilien auf. Dies verursachte eine Exportabnahme der englischen Spinnereien in Lancashire und führte zu Lohneinbußen und einem leichten Anstieg der Arbeitslosigkeit. Als Gandhi 1931 zu Verhandlungen mit den Briten nach London fuhr, bestand er darauf, die Fabriken in Lancashire zu besichtigen, wo er den Arbeitern erklärte, daß die indische Landbevölkerung ihre eigenen Produkte verkaufen müsse, um ihre Armut überwinden zu können. Er wies darauf hin, daß die durchschnittliche Arbeitslosenentschädigung in England dem Zehnfachen eines indischen Durchschnittslohns entsprach. »Wollt ihr Profit machen«, fragte er, »indem ihr indischen Spinnern und Webern und ihren Kinder das Brot wegnehmt?« Die Arbeiter konnten an Gandhis Lebensweise sehen, daß seine Sorge um die Armen aufrichtig und echt war, und bekundeten ihm große Zuneigung. Gandhi war zutiefst bewegt und sagte, »er werde sich an diese Tage bis ans Ende seiner weltlichen Existenz erinnern«.[22]

Als Führungskraft in der Privatwirtschaft müssen Sie Ihren Angestellten die Herausforderungen an das Unternehmen bewußtmachen. Zeigen Sie ihnen, wie Sie versuchen, Ihrer Verantwortung nachzukommen, und lernen Sie, auf welche Weise Ihre Angestellten dies tun. Dann können Sie Mittel und Wege finden, sich gegenseitig zu helfen.

Gandhi hat uns gezeigt, daß die Intensität des Einsatzes für Gerechtigkeit in keiner Weise durch die Übernahme von persönlicher Verantwortung

Eine von Verantwortung geleitete Gesellschaft orientiert sich am Prinzip des Dienens, erkennt andere Standpunkte, Kompromisse und den Fortschritt an, während eine von Rechten geleitete Gesellschaft auf den Erwerb von Besitz, auf Konfrontation und Verteidigung ausgerichtet ist.

> *In der Wirtschaft wird der höchste Motivationsgrad dadurch erzielt, daß alle Angestellten – von einem Sinn für persönliche Verantwortung angetrieben – ihre Arbeit verrichten, so gut sie können.*

beeinträchtigt wird. Sie wird verstärkt, wenn all unser Handeln in eine Richtung geht: gemäß unserer Verantwortung als Menschen zu leben.

VERANTWORTUNG ZU ÜBERNEHMEN BRINGT NUTZEN FÜR ALLE

Für uns alle gibt es pragmatische Gründe, die Aufmerksamkeit eher auf unsere Verantwortung zu lenken als auf unsere Rechte. Eine von Verantwortung geleitete Gesellschaft orientiert sich am Prinzip des Dienens, erkennt andere Standpunkte, Kompromisse und den Fortschritt an, während eine von Rechten geleitete Gesellschaft auf den Erwerb von Besitz, auf Konfrontation und Verteidigung ausgerichtet ist. Wenn wir unserer Verantwortung, andere wie uns selbst zu behandeln, nachkommen, wird der gesellschaftliche Zusammenhalt durch den Kampf um Rechte nicht bedroht.

In der Wirtschaft wird der höchste Motivationsgrad dadurch erzielt, daß alle Angestellten – von einem Sinn für persönliche Verantwortung angetrieben – ihre Arbeit verrichten, so gut sie können. Wenn dies der Fall ist, ist weniger Überwachung nötig, und Effizienz sowie Produktivität können gesteigert werden.

Heutzutage scheint jedoch der Trend in allen Bereichen der Gesellschaft zur Wahrung der Rechte statt zur Verantwortung zu gehen. Die Auffassung, Verpflichtungen und Verantwortung nachzukommen, weil dies der richtige Weg ist, scheint zurückzugehen. Wir können nicht erwarten, einen höheren Standard zu erreichen, wenn wir nicht erkennen, daß es eine Lebensphilosophie sein sollte, selbst Verantwortung zu übernehmen, und nicht ein Weg, um Verdienste zu erlangen. Dies sollte von der Familie ausgehen, wo Eltern und Großeltern ihren Kindern – den Führungskräften der Zukunft – als Beispiel vorangehen. In Gemeinden und am Arbeitsplatz, wo Sie als Führungspersönlichkeit beispielgebend vorangehen, sollte dieses Prinzip verstärkt werden, indem Sie sich auf Ihre Verantwortung konzentrieren und andere ebenfalls dazu auffordern.

Wir können nicht erwarten, einen höheren Standard zu erreichen, wenn wir nicht erkennen, daß es eine Lebensphilosophie sein sollte, selbst Verantwortung zu übernehmen, und nicht ein Weg, um Verdienste zu erlangen.

8

BETONEN SIE
WERTORIENTIERTES DIENEN

Die Art zu Dienen,

welche Gandhi

vertrat, gründete

auf einer

moralischen Pflicht:

Sie dienen Ihren

Mitmenschen,

weil es richtig ist,

dies zu tun.

Die Art zu Dienen, welche Gandhi vertrat, gründete auf einer moralischen Pflicht: Sie dienen Ihren Mitmenschen, weil es richtig ist, dies zu tun. Die Belohnung für ein solches wertorientiertes Dienen sind persönliche Erfüllung und ein Gefühl der Befriedigung.

Der von den meisten Unternehmen geleistete Dienst ist darauf ausgerichtet, Unternehmensziele zu erfüllen: Er basiert auf Strategien. Diese Art von Dienst stützt sich auf Effektivität und äußere Motivation. Die Gegenleistung besteht aus Beförderung, Geld und Beifall. Wenn ihre Verpflichtung auf Strategien beruht, ist es einfach, den Dienst zu verringern, sobald sich die Umstände ändern oder die kurzfristigen Resultate ungünstig ausfallen. Ein beständiger Geist des Dienens, der zu einem höheren Führungsstandard führen wird, verlangt nach einem wertorientierten Ansatz.

DER DIENST AM VOLK

Gandhi, der an das Einssein aller Menschen glaubte, stellte das Dienen in den Kontext des Dienstes am Volk. »Nur persönliches Dienen«, so schrieb er, »das zum Dienst an allen Menschen wird, ist es wert, ausgeübt zu werden.«[23] Jeder Dienst mußte für Gandhi die Prüfung der Wahrhaftigkeit und Gewaltlosigkeit bestehen, und der Dienst an einer Gruppe mußte der gesamten Menschheit zugute kommen.

1946 wurde deutlich, daß sich Gandhis politische Vision eines freien, vereinten Indien nicht verwirklichen ließ. Politische Verhandlungen über die Teilung Indiens und die Entstehung Pakistans wurden geführt, und die Unstimmigkeiten zwischen Hindus und Muslims drohten zu eskalieren. Die Gewalt brach schließlich im Bundesstaat Bengalen aus, wo Muslims Hindus Nötigung, Mord, Vergewaltigung und Plünderung aussetzten. Die Hindus schlugen im Bundesstaat Bihar zurück, wo den Muslims ähnliches widerfuhr. Viele von Gandhis politischen Kollegen befürworteten den Einsatz von Gewalt, um die Aufstände niederzuschlagen, obwohl sie sich während des Kampfes um die Unabhängigkeit zur Gewaltlosigkeit verpflichtet hatten. Unter den gegebenen Umständen erschien ihnen Gewaltanwendung als eine wirkungsvollere Strategie. Gandhi war dagegen. Er verließ die Bühne der politischen Macht augenblicklich und begab sich in die von den Aufständen heimgesuchten Gebiete, um die zu trösten, welche Leid erlitten, und jene zu beraten, welche Gewalt angewandt hatten. Er diente allen Menschen, und sein Dienst gründete auf absoluten Werten, die er nicht aufs Spiel setzen wollte, nur weil sich die Umstände geändert hatten.

> *Jeder Dienst mußte für Gandhi die Prüfung der Wahrhaftigkeit und Gewaltlosigkeit bestehen, und der Dienst an einer Gruppe mußte der gesamten Menschheit zugute kommen.*

Der Dienst an jeder
Gruppe – seien es
Aktionäre, Kunden,
Angestellte oder
die Gesellschaft –
sollte vor dem
Hintergrund des
Dienstes am Volk
vollbracht werden.

Der Dienst an jeder Gruppe – seien es Aktionäre, Kunden, Angestellte oder die Gesellschaft – sollte vor dem Hintergrund des Dienstes am Volk vollbracht werden. Wenn Sie besseren Kundenservice bieten oder die Erträge der Aktionäre steigern wollen, indem Sie Angestellte schlecht behandeln, oder übermäßige Summen und Löhne an Angestellte und Manager zahlen, werden Sie die Wettbewerbsfähigkeit des Unternehmens aufs Spiel setzen und langfristige Einbußen erleiden.

Ein Geschäftsführer eines der größten japanischen Unternehmen erläuterte dieses Prinzip neuen Angestellten in einem Informationsvortrag auf anschauliche Weise. Er zeichnete einen Kreis an die Tafel, der die Einnahmen des Unternehmens darstellte, unterteilte ihn in verschiedene Segmente, welche jeweils eine Interessengruppe – wie Management, Arbeitnehmerschaft, Kunden, Aktionäre – darstellten, und erklärte, wie jede dieser Gruppierungen ihren Anteil auf Kosten einer anderen Gruppe zu vergrößern suchte. Seiner Meinung nach bestehe jedoch die Aufgabe jedes einzelnen im Unternehmen darin, den Umfang des gesamten Kreises zu vergrößern, was nur erreicht werden könne, wenn jeder allen Gruppierungen dienen würde. Daraufhin löschte er alle Linien, die den Kreis unterteilten.

Wenn wir vielen Gruppierungen dienen, wird es immer kurzfristige Ungerechtigkeiten geben. Wenn aber die Mitarbeiter davon überzeugt sind, daß sich ihre Führung zu beständigem und wertorientiertem Dienen verpflichtet hat, werden sie kurzfristigen Ungerechtigkeiten gegenüber nachsichtiger sein.

LASSEN SIE DEN DIENST ZUR TRADITION WERDEN

In der Wirtschaft ist es durch das System der Belohnungen und Gehälter nicht möglich, aus dem Dienen eine moralische Pflicht zu machen. Nichtsdestoweniger kann Dienen in der Geschäftswelt zum kulturellen Wert oder zur Tradition werden. Wenn dies geschieht, wird von jedem die Bereitschaft zu dienen erwartet.

Dies ist ein Bereich, in dem in der amerikanischen Privatwirtschaft ein großer Fortschritt erzielt werden konnte. Unternehmen haben Angestellte an der Front geschult und ihnen Mittel und Verantwortung übertragen, gute Dienste zu leisten; und sie haben den Personen und Gruppen Anerkennung geschenkt, die höhere Dienste leisteten. So hat sich eine Tradition entwickelt. Die Ritz Carlton Hotelkette, L. L. Bean, Federal Express, ServiceMaster, Lexus Dealerships und viele andere haben bewiesen, daß Kundenservice auf einer höheren Ebene den Weg zu wirtschaftlichem Erfolg pflastert. Wenn ein Unternehmen erst einmal für seine Tradition des Dienens bekannt ist, zieht es Angestellte an, die den Wunsch verspüren zu dienen, wodurch die Tradition weitergeführt werden kann.

Ein anhaltender wertorientierter Geist des Dienens wird Ihrem Leben auch dann noch Sinn verleihen, wenn Sie keine Führungsposition mehr innehaben. Präsident Carter, zum Beispiel, verließ sein Amt mit einem sehr niedrigen Popularitätsniveau, doch seine Verpflichtung zum Dienen, die auf sei-

In der Wirtschaft ist es durch das System der Belohnungen und Gehälter nicht möglich, aus dem Dienen eine moralische Pflicht zu machen. Nichtsdestoweniger kann Dienen in der Geschäftswelt zum kulturellen Wert oder zur Tradition werden.

*Ein anhaltender
wertorientierter Geist
des Dienens wird
Ihrem Leben auch
dann noch Sinn
verleihen, wenn Sie
keine Führungs-
position mehr
innehaben.*

nem religiösen Glauben basierte, verlieh seinem Leben dauerhaft Sinn. Er unterstützt nun mit dem
Projekt *Habitat for Humanity* den Wohnungsbau
für Arme und arbeitet als Vermittler in Konflikten
der Entwicklungsländer. Ohne großes Trara hat er
ein wertorientiertes Leben des Dienens entwickelt,
das seine einstige politische Macht bei weitem über-
trifft. Als Resultat genießt er heute den Respekt der
Menschen in aller Welt.

9

VERPFLICHTEN SIE SICH ZU PERSÖNLICHEM DIENEN

Als Gandhi 1946 die Bühne der politischen Macht verließ, um in die von Aufständen heimgesuchten Gebiete zu ziehen, war er 77 Jahre alt. Sein Terminplan war unbarmherzig. Er arbeitete zwischen 15 und 18 Stunden täglich und ging in 60 Tagen über 200 Kilometer, um Opfern aus 46 Dörfern Trost zuzusprechen. Hier inmitten unbeschreiblicher Brutalität befand sich ein zerbrechlicher Mann, der den Mut hatte, seine Verpflichtung zu Wahrhaftigkeit und Gewaltlosigkeit zu erfüllen. Er bat diejenigen, welche gelitten hatten, zu vergeben, und gleichzeitig forderte er diejenigen, welche die Gewalt fortsetzten, auf, ihre Handlungsweise zu bereuen.

Nachdem er die Dörfer in Bengalen zu Fuß besucht hatte, ging er mit derselben Mission nach Bihar, Kalkutta und Delhi. Diese Jahre des Dienens und Leidens werden von manchen als die größte Errungenschaft Gandhis angesehen. Durch seine Verpflichtung zu persönlichem Dienen brachte Gandhi Stabilität in den Bundesstaat Bengalen und die Stadt Kalkutta an der Grenze zwischen Indien und dem späteren Bangladesch, während

> *Sie und ich, wir brauchen nicht auf eine große Sache zu warten, um uns zu persönlichem Dienen zu verpflichten. Wir können in unserer nächsten Umgebung damit beginnen: in unserer Familie und bei Freunden.*

eine Armee von 50 000 Soldaten im Grenzstaat Pandschab nicht das gleiche erreichte. Lord Mountbatten, der Vizekönig von Indien, sprach von Gandhi als seiner »Einmann-Grenzarmee«.

GEHEN SIE EINE VERPFLICHTUNG EIN

Die persönliche Verpflichtung zum Dienen verlangt den direkten Kontakt mit den Personen, welchen wir dienen wollen.

Sie und ich, wir brauchen nicht auf eine große Sache zu warten, um uns zu persönlichem Dienen zu verpflichten. Wir können in unserer nächsten Umgebung damit beginnen: in unserer Familie und bei Freunden. Wenn wir einmal die Befriedigung kennen, unseren kleinen Verpflichtungen gemäß zu leben, werden wir weitergehen.

Auf der Ebene der politischen oder wirtschaftlichen Führungstätigkeit verlangt die persönliche Verpflichtung zum Dienen den direkten Kontakt mit den Personen, welchen wir dienen wollen. Das bedeutet Arbeit »an vorderster Linie der Front« mit Kunden, Angestellten, Aktionären und Lieferanten.

Viele führende Persönlichkeiten in der Wirtschaft haben sich das Konzept des persönlichen Dienstes bereits angeeignet. Ich sah, wie leitende Angestellte sich die Zeit nahmen, Bestellungen selbst aufzunehmen und sich Beschwerden von Kunden anzuhören. Andere suchten mit dem Verkaufs- und Servicepersonal im Außendienst Kunden auf, und einige gingen persönlich auf Anliegen von Aktionären und Angestellten ein. Die Herausforderung besteht darin, regelmäßig persönlichen Dienst zu leisten.

In einem Unternehmen kann sich jeder, unabhängig von seiner Stellung, zu einem täglichen Akt des persönlichen Dienens verpflichten. Es geht dabei nicht um einen Mangel an Zeit, sondern um einen Mangel an Geist, um eine Frage der Prioritäten. Gewiß können Sie bei unnötigen Sitzungen oder Ihren politischen und gesellschaftlichen Aktivitäten zurückstecken, um Zeit zu finden für direkten Dienst an Ihren Angestellten, Kunden, Aktionären oder in der Gemeinde. Der einfache Schritt, jeden Tag einen Akt des persönlichen Dienens auszuführen, wird Sie in direktem Kontakt mit der übergeordneten Aufgabe des Führens halten: dem Dienen.

Gandhis Verpflichtung zu persönlichem Dienst begann im Jahre 1897, als er 28 Jahre alt war. Er lebte zu dieser Zeit in Durban, in Südafrika, und dachte darüber nach, wie er seinen Mitmenschen zu Diensten sein konnte. Als ein Leprakranker an seine Tür klopfte, ließ ihn Gandhi eintreten, behandelte seine Wunden und begann, regelmäßig nach ihm zu sehen. Bald wurde Gandhi aber gewahr, daß er dies unter den gegebenen Umständen nicht ewig würde tun können. Er hatte seine Familie aus Indien mitgebracht und seine Arbeit als Rechtsanwalt aufgenommen. Also brachte er den Leprakranken in ein staatliches Krankenhaus und richtete sich seine Arbeitszeit so ein, daß er täglich zwei Stunden der Arbeit einem gemeinnützigen Krankenhaus für Gastarbeiter widmete, wo er dem Arzt Klagen der Patienten vorbrachte und Medizin verteilte. »Diese Arbeit«, schrieb Gandhi, »brachte mir einigen Frieden.«[24] Dies war der Beginn eines Lebens für den Dienst.

In einem Unternehmen kann sich jeder, unabhängig von seiner Stellung, zu einem täglichen Akt des persönlichen Dienens verpflichten.

Es geht nicht darum, wieviel wir geben. Das Ausmaß unserer Verpflichtung wird dadurch bestimmt, wieviel wir von dem geben, was wir haben.

Es gibt verschiedene Grade der Verpflichtung zu persönlichem Dienen. Manche Menschen setzen ihre Energien, innerhalb der durch andere Pflichten gesteckten Grenzen, dafür ein, anderen ohne Gegenleistung zu helfen. Manche erhalten dafür ein geringes Entgelt. Dies sind die zwei Arten von Menschen, die wir bewundern sollten. Unglücklicherweise haben viele von uns die Tendenz, die zu ehren, die Geld geben, was sie nicht viel kostet, statt jene, welche wirklichen Dienst leisten. Würden wir statt dessen diejenigen ehren, die etwas von sich geben, würden wir das Niveau der Verpflichtung zum Dienen in der ganzen Gesellschaft anheben. Es geht nicht darum, wieviel wir geben. Das Ausmaß unserer Verpflichtung wird dadurch bestimmt, wieviel wir von dem geben, was wir haben.

RESPEKTIEREN SIE DIE VERPFLICHTUNG ANDERER

Ein Hauptanliegen Gandhis bestand darin, das Leben der armen Landbevölkerung Indiens zu verbessern. Die Bedingungen in den Dörfern waren primitiv, Lesen und Schreiben konnte kaum jemand, und die Kenntnis von Grundlagen der öffentlichen Gesundheit war minimal. Gandhi war in die Dörfer gegangen, hatte sich mit den Menschen unterhalten und die Lebensbedingungen selbst gesehen. Er wußte, was zu tun war, und rief die Wohlhabenderen in Indien auf, einen Teil ihrer Zeit zu opfern, um den Dorfbewohnern zu helfen und ihre Lebensbedingungen zu verbessern.

Dennoch glaubte er, nichts von den Schwierigkeiten des Lebens und Dienens in einem Dorf zu
verstehen. Er hatte »über die Arbeit in den Dörfern
gesprochen und Ratschläge erteilt, ohne sich persönlich mit den Problemen dieser Arbeit auseinan-
dergesetzt zu haben.«[25] Daher begab sich Gandhi –
Indiens bekannteste Führungspersönlichkeit – 1936,
im Alter von 65 Jahren, in ein typisch indisches
Dorf, ohne fließendes Wasser, Elektrizität oder ge-
teerte Straßen, um dort zu leben. Dies war mehr als
eine Geste. Es war eine Verpflichtung.

Wenn Sie andere dazu auffordern zu dienen, sollten Sie sehen, was Sie ihnen abverlangen. Eine dem
Dienst verpflichtete Führungskraft bemüht sich
darum, die Schwierigkeiten bei der Ausführung
einer Sache zu verstehen. Tun Sie dies, so werden
diejenigen, welche Ihre Entscheidungen ausführen,
eher bereit sein, Sie zu unterstützen, da Sie Ihren
Respekt für ihre Verpflichtung zum Dienen erwiesen haben. Wenn Sie Ihre persönliche Verpflichtung
mit Respekt für die Verpflichtung anderer verbinden, werden Sie einen Steigerungseffekt in Gang
bringen, der dazu führt, daß das gesamte Unternehmen von der Verpflichtung zum Dienst durchdrungen wird.

Wenn Sie Ihre persönliche Verpflichtung mit Respekt für die Verpflichtung anderer verbinden, werden Sie einen Steigerungseffekt in Gang bringen, der dazu führt, daß das gesamte Unternehmen von der Verpflichtung zum Dienst durchdrungen wird.

Schauen Sie unter die Oberfläche, und erkennen Sie die versteckten oder unausgesprochenen Bedürfnisse, die von anderen nicht gesehen werden, und knüpfen Sie ein Band mit den Menschen, denen Sie dienen wollen.

10

VERSTEHEN SIE DIE BEDÜRF-NISSE DER MENSCHEN, DENEN SIE DIENEN WOLLEN

Einige Monate nach Gandhis Abreise aus Bengalen suchte ein armer alter Mann aus einem entlegenen Dorf eine der Personen auf, die Gandhis Arbeit fortführten. Er fragte sie, wann Gandhi zurückkommen würde. Als er eine unbestimmte Antwort erhielt, meinte er: »Wenn *er* hier wäre, hätte wenigstens er für uns gesorgt. Wer sonst kann unsere Nöte nachempfinden?«[26]

Wollen Sie die Bedürfnisse der Menschen, denen Sie dienen, verstehen, wie Gandhi es tat, so müssen Sie persönlich auf sie eingehen, mit ihnen sprechen und ihnen zuhören, ihre Erfahrungen beobachten und teilen. Schauen Sie unter die Oberfläche, erkennen Sie die versteckten oder unausgesprochenen Bedürfnisse, die von anderen nicht gesehen werden, und knüpfen Sie ein Band mit den Menschen, denen Sie dienen wollen. Meinungsumfragen, Berichte von Angestellten und Marktforschungsanalysen können Ihnen dabei helfen zu verstehen, an was es diesen Menschen fehlt. Wollen Sie einen höheren Führungsstandard erreichen, müssen Sie weitergehen. *Erspüren* Sie die Bedürfnisse der Menschen, erfassen Sie sie nicht bloß verstandesmäßig, ganz gleich ob Sie in der Privatwirtschaft, der Politik oder an der Universität tätig sind. Dies ist es, was Gandhi tat, und aus diesem Grund glaubte ein armer alter Mann in einem entlegenen Dorf, daß Gandhi, ein Führer der Weltpolitik, sich um ihn sorgte und seine Misere verstand.

BEOBACHTEN SIE PERSÖNLICH

Persönliche Beobachtung und die Verpflichtung zur Wahrhaftigkeit erlauben einer Führungskraft, die Dinge so zu sehen, wie sie wirklich sind. Sie erlauben, die wahren Bedürfnisse der Menschen zu erkennen. Politiker müssen Zeit dafür aufwenden, ihren Wählern zuzuhören, Geschäftsleute und Manager müssen sich mit ihren Angestellten und Kunden treffen und all jene, die im Bereich des Produktdesign und der Dienstleistungen arbeiten, müssen den Konsumenten zuhören. Leider ist es einfach, diese Aufgabe zu vernachlässigen oder jemand anderen damit zu betrauen. Aber um ein wahres Bild zu erhalten, müssen Sie Zeit damit verbringen, sich unter die Leute zu mischen. Es ist unwahrscheinlich, daß die Leute Ihnen ihre tiefsten Wünsche mitteilen, wenn Ihre persönliche Verpflichtung, diesen Menschen zu dienen, nicht sichtbar wird.

Als Gandhi 1916 von Südafrika nach Indien zurückkehrte, verbrachte er ein Jahr damit, mit dem Zug durch Indien und Burma zu reisen. 1927

Erspüren Sie die Bedürfnisse der Menschen, erfassen Sie sie nicht bloß verstandesmäßig.

Persönliche Beobach-

tung und die

Verpflichtung zur

Wahrhaftigkeit

erlauben einer

Führungskraft,

die Dinge so zu

sehen, wie sie

wirklich sind.

Sie erlauben, die

wahren Bedürfnisse

der Menschen

zu erkennen.

fuhr er erneut zehn Monate lang durch Indien, um sein Programm der handgesponnenen und -gewebten Kleidung zu fördern. Auch während seiner siebenmonatigen Kampagne gegen die Unberührbarkeit, 1933 und 1934, bereiste er ganz Indien. Wenn Gandhi mit dem Zug fuhr, saß er in der dritten Klasse, unter den ärmsten Indern. Er verbrachte Zeit mit all jenen, die in Armut lebten, indem er sie in ihren Dörfern und Hütten aufsuchte. So erlangte er Wissen über ihr Leben aus erster Hand. Er kleidete sich wie sie und erreichte sie zu Fuß – in Demut und beseelt vom Geist des Dienens.

Durch seinen persönlichen Kontakt mit den Menschen erkannte und verkörperte Gandhi die wirklichen Probleme der indischen Gesellschaft: den Brauch der Unberührbarkeit, das mangelnde Interesse an sanitären Anlagen und Hygiene, religiöse Intoleranz, Diskriminierung von Frauen und die Ausbeutung von Indern durch Inder. Zu dieser Zeit sah er von all den politischen Führungspersönlichkeiten in Indien besser als jeder andere die Unabhängigkeit von einer übergeordneten Position aus, welche die Befreiung von Angst, Diskriminierung und Armut mit einschloß.

Durch seine persönlichen Beobachtungen kam Gandhi zu einer weiteren Einsicht: Die Inder hatten ihre Selbstachtung verloren. Wie sonst konnte ein so kleines Land wie England ein Land wie Indien über 200 Jahre lang beherrschen? Gandhi erkannte, daß die Inder England nicht länger als irgendwie kulturell überlegen ansehen durften und daß sie lernen mußten, ihre eigene Sprache, Kultur und ihr Erbe hochzuhalten. Persönliches Beobachten und die Verpflichtung zur Wahrhaftigkeit erlaubten es Gandhi – oder zwangen ihn gar dazu –, die Realität zu sehen.

Wir können Versäumnisse in der Privatwirtschaft und die Fehler von Regierungsprogrammen untersuchen. Wir können über fehlerhafte Strategien und Taktiken streiten. Schauen wir aber genauer hin, so können wir eher einen gemeinsamen Faktor ausmachen: Die Führung war nicht imstande, die Realität zu erkennen. In den 70er Jahren verstand die amerikanische Autoindustrie die Wünsche der Kunden nicht oder nahm die japanische Konkurrenz nicht ernst. Während des Vietnamkrieges wollten die Vereinigten Staaten die Tatsache nicht akzeptieren, daß die lokale Unterstützung Amerikas von seiten der Vietnamesen gesunken war. Die Führungskräfte waren nicht im Kriegsgeschehen mit den Menschen, denen sie dienen sollten. Auch waren sie nicht in genügendem Ausmaß der Wahrheit verpflichtet, um die ihnen zur Verfügung stehenden Informationen richtig auswerten zu können. Sie müssen die Bedürfnisse der Menschen verstehen, wenn Sie erfolgreich sein wollen. Sie müssen sich zu persönlicher Beobachtung verpflichten und das, was Sie sehen, mit einer Verpflichtung zur Wahrhaftigkeit auslegen.

Jeder Schritt – wie klein er auch sein mag –, mit dem wir die Menschen, denen wir dienen wollen, zu verstehen suchen, vergrößert unsere Bindung zu ihnen und bringt uns auf den Weg zu einem höheren Standard.

IDENTIFIZIEREN SIE SICH MIT DEN MENSCHEN, DENEN SIE DIENEN WOLLEN

Gandhi ging weiter, als nur persönlich zu beobachten, indem er die Erfahrungen der Menschen teilte, denen er dienen wollte. Er lebte mit Unberührbaren und verrichtete ihre Arbeit und ebenso unter armen Dorfbewohnern. Als er nach Kalkutta fuhr, um dort zur Beruhigung der Gewaltausbrüche beizutragen, wohnte er mit Muslims in einem verlassenen Haus.

Geteilte Erfahrung bringt tiefstes Verständnis und die dauerhaftesten Bindungen hervor. Wir können dies bei Familienmitgliedern, Mitarbeitern, Teamgefährten und Soldaten feststellen. Die Menschen in Indien, vor allem die Armen, fühlten diese Verbundenheit mit Gandhi und erkannten in ihm einen Menschen, der sich wahrhaftig um ihr Wohlergehen sorgte. Sie sahen in ihm die Verkörperung all ihrer religiösen Lehren – doch nicht in Form einer alten, mythologischen Figur; hier *lebte* jemand das Wort.

Der Nobelpreisträger Rabindranath Tagore begriff das Wesen der Beziehung Gandhis zu den Armen: »Er machte an der Schwelle der Hütten dieser Tausende von Besitzlosen halt, gekleidet wie einer von ihnen. Er sprach zu ihnen in ihrer eigenen Sprache. Hier wurde Wahrhaftigkeit bis zum äußersten gelebt und nicht nur aus Büchern zitiert. Aus diesem Grund ist *Mahatma* (»Große Seele«) der Name, den ihm die Inder verliehen, sein wahrer

Geteilte Erfahrung bringt tiefstes Verständnis und die dauerhaftesten Bindungen hervor.

Name. Wer sonst fühlte wie er, daß alle Inder sein eigenes Fleisch und Blut sind?«[27]

Gandhi setzte einen Maßstab, den wohl nur wenige unter uns erreichen können. Nichtsdestoweniger können wir viele kleine Schritte machen, um den Weg zu gehen. Im Geschäftsleben bedeutet geteilte Erfahrung beispielsweise, sich in den Kunden zu versetzen, Kunde des eigenen Unternehmens zu sein, um zu erfahren, wie der Umgang mit Kunden ist, oder mit Angestellten an bestimmten Projekten zu arbeiten, um ihre Schwierigkeiten zu verstehen. Politiker könnten darüber nachdenken, ihr Leben mit Wählern mit einem niedrigen Einkommen zu teilen, um zu verstehen, wie die Wirklichkeit von Armut aussieht. Es gibt viele Gelegenheiten, Erfahrungen zu teilen, doch muß dies mit Bescheidenheit und einem Geist des Dienens geschehen. Jeder Schritt – wie klein er auch immer sein mag –, mit dem wir die Menschen, denen wir dienen wollen, zu verstehen suchen, vergrößert unsere Bindung an sie und bringt uns auf den Weg zu einem höheren Standard.

Es gibt viele Gelegenheiten, Erfahrungen zu teilen, doch muß dies mit Bescheidenheit und einem Geist des Dienens geschehen.

11

BRINGEN SIE MACHT UND DIENEN IN EINKLANG

Eine der großen Herausforderungen an die Führung besteht darin, einen Einklang zwischen Dienst und Macht zu entwickeln, was für das Ausüben der Führungstätigkeit notwendig ist.

Gandhi hatte Macht, doch verfügte er über nichts von all dem, was wir gewöhnlich mit Macht in Verbindung bringen: Wohlstand, ein offizielles Amt, militärische Gewalt. Seine Macht beruhte allein auf der Bereitschaft der Menschen, seiner Führung zu folgen. Sie wollten ihm dienen, weil er ihnen sein Leben lang diente.

Eine der großen Herausforderungen an die Führung besteht darin, einen Einklang zwischen Dienst und Macht zu entwickeln, was für das Ausüben der Führungstätigkeit notwendig ist. Das Ideal ist einzig vom Dienen abgeleitete und nur zum Zweck des Dienens ausgeübte Macht. Dies ist die Art von Macht, die Jahrhunderte überdauert. Es ist die Macht, welche den Geist der Menschheit bewegt.

Jeder organisatorische Kontext – sei es in der Privatwirtschaft und Politik oder in Universität und Familie – hat je nach Stellung innerhalb der Organisation mit Macht zu tun. Das Maß dieser Art von Macht ist Ihre Befugnis, Entscheidungen zu treffen. In der Wirtschaft geht es darum, dem Unternehmen die Richtung zu weisen, Aufgaben zu delegieren,

Produktionsmittel zu verteilen und über Beförde-
rungen zu entscheiden.

Macht verleiht Ihnen die Autorität, Menschen
auf bestimmte Weise zum Handeln zu bewegen, so
daß sich eine geschäftliche oder eine beliebige
organisatorische Angelegenheit auf das gesteckte
Ziel zubewegt. Sie können Macht durch Kontrolle
oder durch Dienen ausüben. Kontrolle motiviert
die Leute durch ihre Bindungen. In der Wirtschaft
wird dies durch die Überwachung der Angestellten,
die Höhe der Löhne und Gehälter und die Sicherheit eines Arbeitsplatzes gewährleistet. Dienst
motiviert Menschen durch ihren Sinn für persönliche Verpflichtung und durch moralische Notwendigkeit. Dies geschieht, wenn Sie als Beispiel vorangehen und die moralische Autorität erlangen, von
anderen zu erwarten, selbst Verantwortung zu
übernehmen.

Die größte Quelle der Macht besteht in jedem
organisatorischen Ganzen aus persönlicher Macht:
Charakter, Mut, Bestimmtheit, Wissen und den
Fähigkeiten eines jeden Mitarbeiters in einem Unternehmen. Wollen wir unsere Ziele erreichen, so
müssen wir diese Macht dafür einsetzen und nicht
entkräften. Wenn Führende ihre Kontrolle durch
Demagogie und Angst ausüben – wie dies die Ex-
tremfälle Hitler und Stalin veranschaulichen –, verzichten die Menschen zugunsten der Führer auf ihre
persönliche Macht. Dann leidet das System an
einem Mangel an Geist, Kreativität und der Verpflichtung, welcher diese Menschen zuvor nachge-
kommen sind. Wenn ein ausgewogenes Verhältnis
zwischen kontrollieren und dienen herrscht, kann

*Sie können Macht
durch Kontrolle
oder durch Dienen
ausüben.
Kontrolle motiviert
die Leute durch ihre
Bindungen. Dienst
motiviert Menschen
durch ihren Sinn
für persönliche
Verpflichtung und
durch moralische
Notwendigkeit.*

Die größte Quelle der Macht besteht in jedem organisatorischen Ganzen aus persönlicher Macht: Charakter, Mut, Bestimmtheit, Wissen und den Fähigkeiten eines jeden Mitarbeiters in einem Unternehmen.

der Führende seine Entscheidungsbefugnis ausüben, ohne die persönliche Macht der Menschen zu schwächen.

MACHT UND DIENEN IN EINKLANG BRINGEN

Gandhi schlug das Konzept der *Treuhänderschaft* vor, um Macht, Wohlstand und Talent mit dem Dienen in Einklang zu bringen. Er war Zeit seines Lebens ein Treuhänder der Menschheit. Seine Fähigkeiten, seine Macht und seinen Einfluß setzte er stets zugunsten der Menschheit und nicht für persönlichen Gewinn ein.

Ein solch außergewöhnliches Maß an Verpflichtung ist nicht erforderlich, um ein Leben des Dienens zu führen. Wir können jedoch eine wichtige Lehre aus Gandhis Beispiel ziehen. Macht wird Ihnen durch andere verliehen. Sie gehört Ihnen nicht; sie wird Ihnen anvertraut und beinhaltet große Verantwortung. Macht soll zugunsten der Menschen eingesetzt werden, deren Treuhänder Sie sind.

Viele leitende Angestellte in der Privatwirtschaft betrachten sich als Treuhänder des von den Aktionären zur Verfügung gestellten Kapitals. Doch müssen sie sich ebenso als Treuhänder der von den Angestellten geleisteten Arbeit, der zur Herstellung von Waren und Dienstleistungen genutzten Ressourcen, des Vertrauens der Kunden in das Produkt und der Beziehung zwischen dem Unternehmen und der Gesellschaft wie auch der Umwelt verstehen.

Führen ist nicht eine Technik; es ist eine Lebensphilosophie – von der Familie bis zum höchsten
Staatsamt. Macht und Privilegien, die mit der
Führungstätigkeit einhergehen, haben das Potential, eine Führungskraft zu korrumpieren. Treuhänderschaft ermöglicht es einem Führenden, Macht
mit dem Geist des Dienens in Einklang zu bringen.

Macht wird Ihnen durch andere verliehen. Sie gehört Ihnen nicht; sie wird Ihnen anvertraut und beinhaltet große Verantwortung. Macht soll zugunsten der Menschen eingesetzt werden, deren Treuhänder Sie sind.

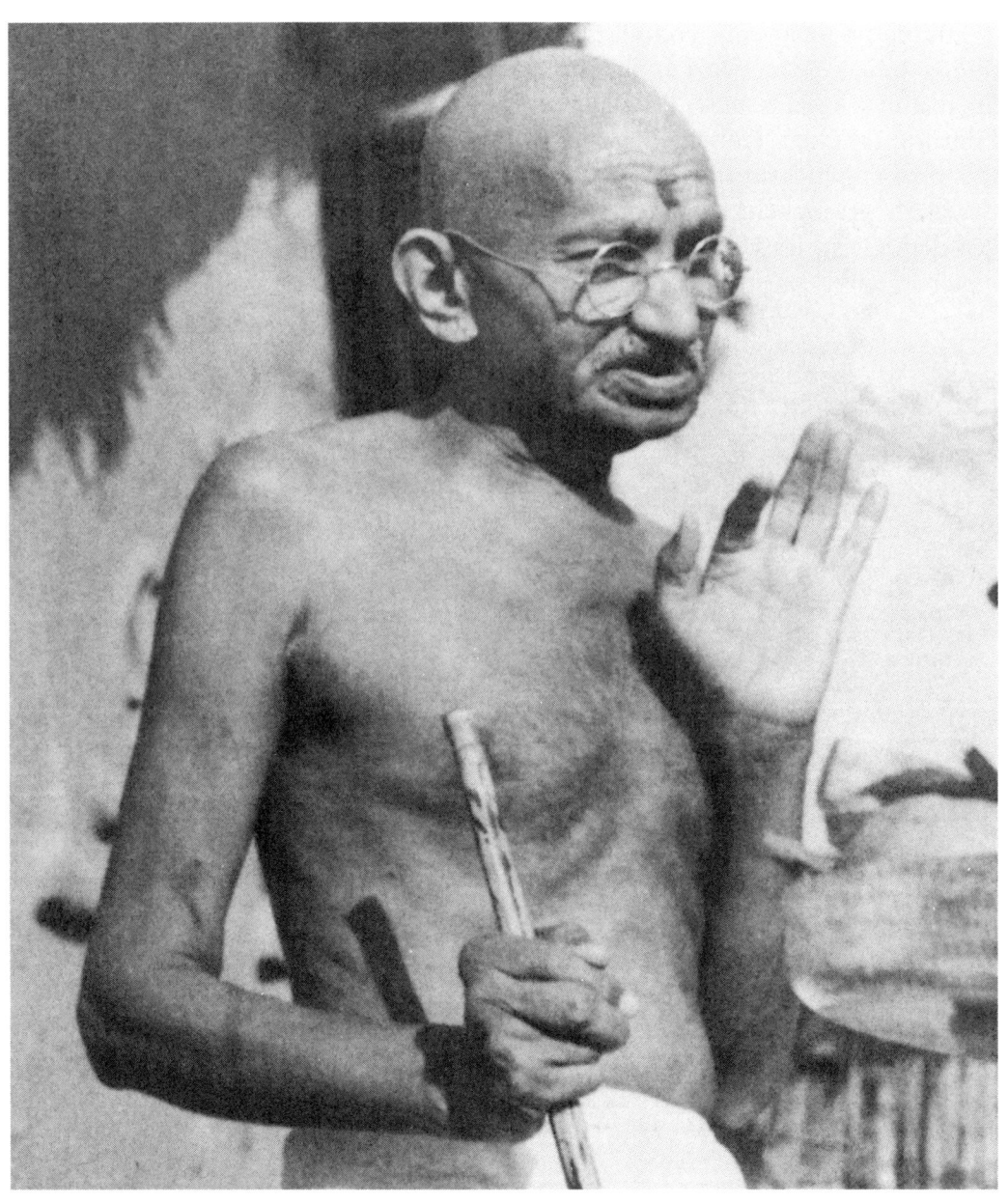

Teil III

Entscheidungen und Handlungen, die an moralische Grundsätze gebunden sind

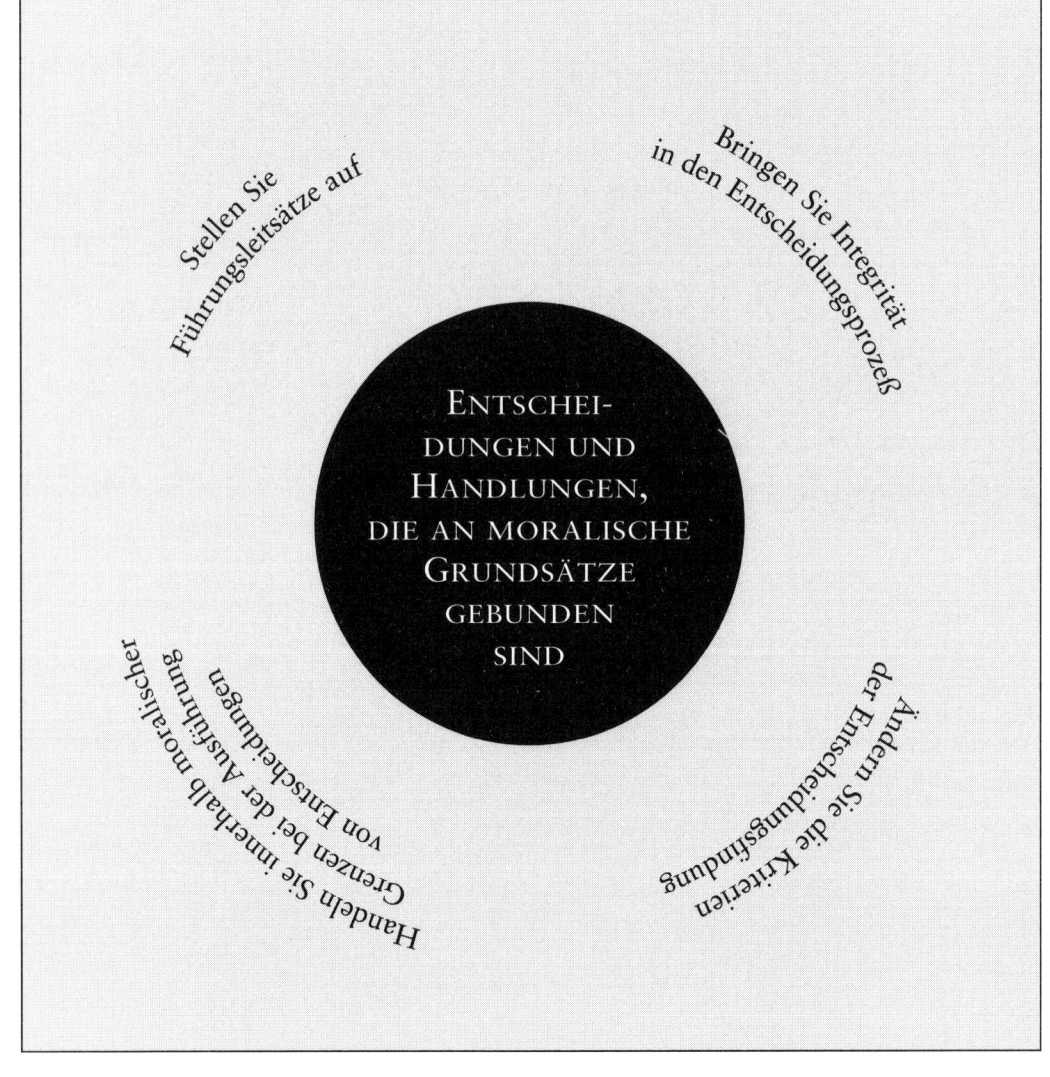

Stellen Sie Führungsleitsätze auf

Bringen Sie Integrität in den Entscheidungsprozeß

ENTSCHEI-
DUNGEN UND
HANDLUNGEN,
DIE AN MORALISCHE
GRUNDSÄTZE
GEBUNDEN
SIND

Handeln Sie innerhalb moralischer Grenzen bei der Ausführung von Entscheidungen

Ändern Sie die Kriterien der Entscheidungsfindung

Gandhi war ein Mann der Tat. Jede Idee, an der er festhielt, führte er aus, doch mußte jede Handlung, die er plante, zuerst die Prüfung seiner Verpflichtung zu Wahrhaftigkeit und Gewaltlosigkeit bestehen. Gandhi prüfte jeden Entschluß auf die Kriterien der Wahrhaftigkeit und Gewaltlosigkeit, ganz gleich, ob es sich um eine Protestbewegung auf nationaler Ebene oder um eine persönliche Entscheidung handelte, die seine Gesundheit oder Ernährung betraf.

Handlungen sind ein Kennzeichen der Führerschaft, und Entscheidungen sind die Vorläufer des Handelns. Entscheiden Sie sich, wohin Sie gehen wollen: Dies ist Ihr Ziel. Entscheiden Sie, wie sie dorthin gelangen wollen: Dies ist Ihre Strategie. Handeln Sie anschließend gemäß Ihren Worten. Sie müssen die Ergebnisse stets im Auge behalten und sich flexibel anpassen, sollten die Umstände sich ändern. Doch um einen höheren Führungsstandard zu erreichen, müssen Sie auch die moralische Dimension in alle Entscheidungen und Handlungen einbeziehen.

Die moralische Dimension zu berücksichtigen erfordert, Entscheidungen und Handlungen anhand der absoluten Werte der Wahrhaftigkeit und Gewaltlosigkeit und dem universellen Verhaltenskodex zu bewerten, andere wie uns selbst zu behandeln. Wir müssen uns daran erinnern, daß Gewaltlosigkeit für die positive Liebe der Menschheit und das Fehlen von Ausbeutung steht. Wir müssen uns ausdrücklich dazu verpflichten, dies als Kriterium der Entscheidungsfindung im wirtschaftlichen wie im politischen Bereich zu berücksichtigen.

Die längste Zeit unseres Lebens verbringen wir mit Arbeit. Ist es nicht wahrscheinlich, daß die Moral in unserem ganzen Leben abnehmen wird, wenn es unserer Arbeit an der moralischen Dimension fehlt?

Es kann sich als schwierig erweisen, die moralische Dimension in unserer Entscheidungsfindung zu berücksichtigen. Doch mit Entschlüssen, die das Leben anderer Menschen betreffen, sollte man es sich nicht zu leicht machen.

Wenn wir wirtschaftliche oder politische Entscheidungen treffen, übersehen wir allzuoft deren moralische Dimension. Da diese Entscheidungen aber einen Einfluß auf andere Menschen haben, besitzen sie eine moralische Dimension. Dieser Wirklichkeit können wir uns nicht entziehen. Wir kommen auch nicht umhin, zu erkennen, daß es sich als schwierig erweisen kann, die moralische Dimension in unserer Entscheidungsfindung zu berücksichtigen. Doch mit Entschlüssen, die das Leben anderer Menschen betreffen, sollte man es sich nicht zu leicht machen.

Die längste Zeit unseres Lebens verbringen wir mit Arbeit. Ist es nicht wahrscheinlich, daß die Moral in unserem ganzen Leben abnehmen wird, wenn es unserer Arbeit an der moralischen Dimension fehlt? Wird sich nicht der moralische Einfluß von Eltern auf ihre Kinder abschwächen, und wird nicht das Rückgrat unserer Gesellschaft – von dem Privatwirtschaft und Politik einen Großteil ausmachen – mehr und mehr geschwächt?

Gandhis Glaube an die Güte des Menschen war grundlegend für sein Denken. Er glaubte, daß die Menschen für das gemeinsame Wohl arbeiten *wollen*. Daher rief er sie dazu auf, Opfer zu bringen, um die Unabhängigkeit zu erlangen und das Los der Armen zu verbessern, und daher sprach er auch seine Widersacher auf ihr Gewissen und ihr Ehrgefühl an. Das Ergebnis war, daß viele seinem Aufruf zum Opfer Beachtung schenkten, und seine Gegner behandelten ihn immer höflich und respektvoll, obwohl sie zunächst skeptisch waren.

Wenn wir die moralische Dimension in unsere Entscheidungen und Handlungen einbeziehen, wird das Beste in uns zum Vorschein kommen. Wir werden jenseits eng definierter wirtschaftlicher oder politischer Interessen denken und handeln, und unsere Arbeit wird einen Sinn und einen neuen Zweck erhalten.

Nachdem ich untersucht hatte, wie Gandhi seine Verpflichtung zu Wahrhaftigkeit und Gewaltlosigkeit in der Entscheidungsfindung und beim Handeln beibehielt, erkannte ich vier Schritte, die anderen dabei helfen werden, eine moralische Dimension in ihre Rolle als Führungskraft einzubeziehen, die sie in unserer Gesellschaft einnehmen:

* Stellen Sie Führungsleitsätze auf
* Bringen Sie Integrität in den Entscheidungsprozeß
* Ändern Sie die Kriterien der Entscheidungsfindung
* Handeln Sie innerhalb moralischer Grenzen bei der Ausführung von Entscheidungen

Diese vier Schritte bilden nicht nur einen Rahmen für Führungskräfte, die auf dem Weg zu einem höheren Standard vorankommen wollen. Sie liefern dem Unternehmen zusätzlich eine Grundlage, um diejenigen zu unterstützen, welche sich für den Weg entschieden haben.

Wenn wir die moralische Dimension in unsere Entscheidungen und Handlungen einbeziehen, wird das Beste in uns zum Vorschein kommen.

12

STELLEN SIE
FÜHRUNGSLEITSÄTZE AUF

Führungsleitsätze

setzen unseren

Zielen sowie den

Handlungen,

die wir ausführen,

um diese Ziele

zu erreichen,

Grenzen und

Schranken.

Führungsleitsätze setzen unseren Zielen sowie den Handlungen, die wir ausführen, um diese Ziele zu erreichen, Grenzen und Schranken. Auf nationaler Ebene sind unsere Führungsleitsätze im Grundgesetz verankert. Ob unser Ziel nun darin besteht, die Anzahl der Verbrechen zu reduzieren oder die Wirtschaft anzukurbeln, unser Handlungsspielraum bewegt sich innerhalb der vom Grundgesetz gesteckten Grenzen.

Gestützt auf die absoluten Werte der Wahrhaftigkeit und Gewaltlosigkeit und den universalen Verhaltenskodex, schlage ich die drei folgenden Führungsleitsätze vor, die uns, wenn wir ihnen treu bleiben, auf dem Weg zu einem höheren Standard helfen werden:

- Beziehen Sie moralische Kriterien in die Bewertung von Entscheidungen und Handlungen ein
- Akzeptieren Sie, daß Mittel und Ziel eins werden
- Respektieren Sie die jedem Menschen innewohnende Güte

BEZIEHEN SIE MORALISCHE KRITERIEN IN DIE BEWERTUNG VON ENTSCHEIDUNGEN UND HANDLUNGEN EIN

Auf persönlicher Ebene verpflichtete sich Gandhi zu einem auf Moral ausgerichteten Leben. Persönliche Errungenschaften definierte er anhand ihrer Zugehörigkeit zu den moralischen Kriterien der Wahrhaftigkeit und Gewaltlosigkeit. Wirtschaftliche Überlegungen hatten dabei wenig oder keinen Spielraum. Gandhis Beispiel verlangt von uns als Menschen, die Karriere machen wollen, der Verpflichtung zu einem moralischen Leben nachzukommen, indem wir beim Verfolgen unserer Ziele moralische Kriterien berücksichtigen. Wir müssen uns fragen, wozu wir bereit sind, um erfolgreich zu sein.

Unserer Gesellschaft wird eine zunehmende Anzahl von Möglichkeiten geboten, die – von Wissenschaft und Technik angetrieben – von der neusten Genforschung bis hin zum Fortschritt in der Telekommunikation und Waffenproduktion reichen. Mehr denn je müssen unsere Führungsleitsätze moralische Grundsätze einschließen.

Die moralische Ausrichtung unserer Entscheidungen und Handlungen bestimmt die Natur der Gesellschaft, in der wir leben. Wir müssen in einer zivilisierten Gesellschaft leben, um die wirtschaftlichen Gewinne, für die wir alle hart gearbeitet haben, genießen zu können. Und wir können nicht erwarten, eine zivilisierte Gesellschaft zu erschaffen, solange wir keine moralische Komponente in den Arbeitsbereich einbringen.

Die moralische Ausrichtung unserer Entscheidungen und Handlungen bestimmt die Natur der Gesellschaft, in der wir leben.

Jedes Unternehmen verpflichtet sich dazu, Gewinne zu erzielen. Will es sich auch moralisch verpflichten, müssen Entscheidungen und Handlungen dementsprechend beurteilt werden.

In der Privatwirtschaft müssen wir unsere Entscheidungen und Handlungen genauso anhand moralischer Kriterien beurteilen, wie wir wirtschaftliche Kriterien ansetzen. Jedes Unternehmen verpflichtet sich dazu, Gewinne zu erzielen. Will es sich auch moralisch verpflichten, müssen Entscheidungen und Handlungen dementsprechend beurteilt werden. Die moralischen Kriterien für die Wirtschaft schließen Wahrhaftigkeit zwischen dem Unternehmen und seinen Kunden und Aktionären sowie zwischen dem Management und den Angestellten ein. Sie beinhalten auch Gewaltlosigkeit, indem die Ausbeutung von Angestellten, der Gesellschaft und der Umwelt gestoppt werden. Wir brauchen uns nicht zur Vollkommenheit zu verpflichten, zum Fortschritt hingegen schon. Zu diesem Zweck müssen wir unsere Fortschritte überwachen, indem wir unsere Leistungen nach moralischen Kriterien bewerten.

AKZEPTIEREN SIE, DASS MITTEL UND ZIEL EINS WERDEN

Normalerweise stellen wir uns das Erreichen und Erlangen von Zielen und Mitteln als eine Abfolge vor. Darin liegt nicht das Problem an sich. Wenn wir aber nicht dieselben Maßstäbe bei Zielen und Mitteln anlegen, laufen wir Gefahr, unseren Führungsstandard zu senken. Die Werte der Wahrhaftigkeit und Gewaltlosigkeit müssen auch auf Ziele und Mittel angewandt werden.

Gandhi war, was die Mittel angeht, nicht bereit, Kompromisse einzugehen, wie edel die Gründe seines Gegenübers auch sein mochten. Als Führer des indischen Unabhängigkeitskampfes gegen die Briten weigerte er sich beispielsweise, Betrug oder Gewalt zu unterstützen oder eine derartige Handlungsweise zu verzeihen, auch wenn sie von Patriotismus geleitet war. Er fühlte sich nicht nur in Hinsicht auf körperliche Gewalt sondern in gleichem Maße von durch Ausbeutung, Demütigung und Angst am menschlichen Geist verübter Gewalt persönlich betroffen. Er glaubte, daß, wenn sich die Unabhängigkeitsbewegung gewalttätiger und unlauterer Mittel bediene, um ihr Ziel zu erreichen, die daraus entstehende Gesellschaft dafür anfällig wäre, die Wirksamkeit von Unwahrheit und Gewalt als Mittel zum Zweck zu akzeptieren. Beobachten wir die zunehmende Gewalt um uns herum, so beginnen wir zu verstehen, wie wahr Gandhis Botschaft bleibt.

Unsere eigene Gesellschaft kennt eine lange Geschichte der Gewaltanwendung und -verherrlichung sowie betrügerischer Aktivitäten, die eingesetzt werden, um etwas zu erreichen. In der Geschäftswelt fördern gewisse Unternehmen Gewalt am menschlichen Geist, indem sie leitende Angestellte belohnen, die wirtschaftliche Ziele dadurch erreichen, daß sie Menschen beleidigen und durch Angstmacherei antreiben. Wenn wir Gewalt am Arbeitsplatz zulassen, wie können wir dann der Gewalt in unserer Gesellschaft ein Ende setzen?

In der Privatwirtschaft basieren die Leistungsbewertung und das System der Gehälter und Löhne in erster Linie darauf, wirtschaftliche Zielsetzungen wie Einnahmen, Rentabilität, Verkaufsquoten und

Wenn wir nicht dieselben Maßstäbe bei Zielen und Mitteln anlegen, laufen wir Gefahr, unseren Führungsstandard zu senken. Die Werte der Wahrhaftigkeit und Gewaltlosigkeit müssen auch auf Ziele und Mittel angewandt werden.

Wir müssen uns fragen, wozu wir bereit sind, um erfolgreich zu sein.

Kostenrechnungen zu erfüllen. Dies resultierte oft in diversen unaufrichtigen Machenschaften – nicht bestätigten Bestellungen, die als Einnahmen verbucht wurden, irreführenden Verkaufspraktiken, um persönliche Verkaufsquoten zu erreichen, Verändern von Zahlen bei Einnahmen und Ausgaben am Jahresende –, nur um belohnt zu werden.

Solche Täuschungsmanöver in Wirtschaft und Politik sowie die Ausbeutung von Frauen, Minderheiten und der Umwelt erzeugen den Zynismus und die Hoffnungslosigkeit, welche Gewalt fördern – aber niemals rechtfertigen. Als Führungskräfte in der Privatwirtschaft müssen wir alle gegen diese Handlungsweise vorgehen, um glaubwürdig zum Aufgeben von körperlicher Gewalt, die in unserer Gesellschaft vorherrschend wird, aufrufen zu können. Um dies zu erreichen, müssen wir sowohl die Mittel als auch unsere Ziele der Prüfung der absoluten Werte unterziehen.

RESPEKTIEREN SIE DAS INDIVIDUUM

Gandhi glaubte daran, daß Güte jedem einzelnen und der ganzen Menschheit innewohnt. Er verlangte von den Menschen, nach ihrer inneren Wahrheit zu suchen und im Einklang mit ihrem Gewissen zu handeln. Er setzte einen großen Teil seines Lebens dafür ein, Menschen davon zu überzeugen, das Gute in anderen zu erkennen, auf dem Kastenwesen, auf Religion oder sozialer Stellung beruhende Unterschiede aufzugeben und für das Wohlergehen aller zu arbeiten.

Er wandte sich nicht nur an das Beste in den Menschen, die ihm folgten, sondern auch an das Beste in den Menschen, die sich gegen ihn stellten. Ob es sich nun um den Kampf für Unabhängigkeit, die Abschaffung der Unberührbarkeit oder das harmonische Zusammenleben aller handelte, Gandhi wandte sich an das Gewissen und die Moral seiner Gegner. Er versuchte sie umzustimmen, und nicht etwas zu erzwingen.

In der Privatwirtschaft bedeutet der Respekt vor dem Individuum, anzuerkennen, daß jede Person gute Arbeit leisten und zum Erfolg des Unternehmens beitragen will. Dies ist eine entscheidende Abwendung von der Ansicht, daß die Leute nicht arbeiten wollen und ständig kontrolliert und überwacht werden müssen. Respekt vor dem Individuum bedeutet, daß die Führung ihre Angestellten mit dem Handwerkzeug und der Ausbildung versorgt, die es ihnen ermöglichen, ihre Arbeit gut zu verrichten, und ihnen zusätzlich freistellt, wie sie ihre Arbeit verrichten wollen: Wer direkt mit der Ausführung der Arbeit konfrontiert ist, findet oft Möglichkeiten, etwas zu verbessern. Jeder sollte auch selbst einschätzen können, inwiefern seine spezielle Tätigkeit zum Erfolg des Unternehmens beiträgt. Wenn sich Angestellte kompetent fühlen, wählen können und wissen, daß sie einen Beitrag zum Wohl des Unternehmens leisten, machen sie ihre Arbeit gerne und sind am produktivsten.

Ein Unternehmen, das an das Beste in ihren Angestellten appelliert, wird die Mitarbeiter in den verschiedenen Abteilungen, Gruppen und Untergruppen dazu animieren, ihre Arbeit und besondere

In der Privatwirtschaft bedeutet der Respekt vor dem Individuum, anzuerkennen, daß jede Person gute Arbeit leisten und zum Erfolg des Unternehmens beitragen will.

Organisatorische Veränderungen genügen nicht. Es muß ein Gemeinschaftsgeist gebildet werden, damit das Ganze zu mehr wird als der Summe seiner Teile.

Gruppeninteressen dem Wohl des Ganzen unterzuordnen. Die Führung muß den Mitarbeitern den Rahmen und die Unterstützung für die Arbeit am gemeinsamen Wohl zur Verfügung stellen und einen Gemeinschaftsgeist entwickeln – ohne diese Maßnahmen könnten konkurrierende Gruppeninteressen das Überleben des Ganzen bedrohen. Von Großunternehmen wie Coca-Cola und General Electric bis hin zu kleinen Unternehmen wird der Begriff des nahtlosen oder grenzfreien Unternehmens als zukunftsweisend begrüßt.

Organisatorische Veränderungen genügen nicht. Es muß ein Gemeinschaftsgeist gebildet werden, damit das Ganze zu mehr wird als der Summe seiner Teile. Den Führungskräften kommt dabei die Rolle zu, den von jeder Person geleisteten Beitrag zum Erfolg des Unternehmens als solchen anzuerkennen und zu würdigen. Als Führungspersönlichkeit müssen Sie diesen Respekt bei jeder Begegnung mit Ihren Untergebenen an den Tag legen.

Unternehmen haben nun damit begonnen, in sozialen Fragen zu kooperieren. Und durch die Zusammenarbeit von öffentlichen und privaten Unternehmen entstehen Programme, die das Ziel verfolgen, die Umwelt zu schützen, das Bildungsniveau anzuheben und eine bessere Versorgung im Gesundheitswesen zu gewährleisten. In allen Aufgabenbereichen gibt es Möglichkeiten, an das Beste im Menschen zu appellieren.

Mit diesen drei Führungsleitsätzen – dem Einbeziehen moralischer Kriterien in die Bewertung von Entscheidungen und Handlungen, der Verschmelzung von Mitteln und Ziel und dem Respekt vor dem Individuum – haben Sie die Grundlage geschaffen, auf der Sie führen werden. Hier geht es um mehr als den Führungsstil. Es geht um die *Substanz* Ihrer Führungstätigkeit.

In einer freien Gesellschaft hängt die Unterstützung einer Entscheidung vom Vertrauen in die Integrität des Prozesses ab. Ohne diese Unterstützung können Entscheidungen nicht effizient umgesetzt werden.

13

BRINGEN SIE INTEGRITÄT
IN DEN ENTSCHEIDUNGSPROZESS

Die erste Anforderung an einen auf Integrität basierenden Entscheidungsablauf ist, daß die am Prozeß beteiligten Personen integer sind.

Im Wettbewerb der Privatwirtschaft ist Schnelligkeit eine Waffe. Für den Erfolg sind schnelle und effiziente Entscheidungen wesentlich. Daher sollte ein Hauptziel des Entscheidungsprozesses darin bestehen, Fristen einzuhalten. Wollen wir jedoch einen höheren Führungsstandard erreichen, genügt es nicht, fristgerecht zu arbeiten. Der Entscheidungsablauf muß integer sein und auch so wahrgenommen werden. Es handelt sich nicht um eine Integrität, die auf der Befolgung von Recht und Vorschriften basiert, sondern um eine auf moralische Grundsätze gegründete Integrität.

Warum soll dieser Prozeß integer sein? In einer freien Gesellschaft hängt die Unterstützung einer Entscheidung vom Vertrauen in die Integrität des Prozesses ab. Ohne diese Unterstützung können Entscheidungen nicht effizient umgesetzt werden.

Die erste Anforderung an einen auf Integrität basierenden Entscheidungsablauf ist, daß die am Prozeß beteiligten Personen integer sind. Gleichzeitig muß der Prozeß selbst die Integrität aller Beteiligten unterstützen und verstärken.

Genauso wie die Integrität individueller Entscheidungen durch persönliche Werte gelenkt wird, muß auch der Entscheidungsablauf durch entsprechende Werte gelenkt werden. Letztere sind logische Folgen unserer Verpflichtung zu einem einheitlichen Verhaltensstandard: Seien Sie wahrhaftig im Erfassen und Interpretieren von Daten, und bekunden Sie Offenheit dem Prozeß gegenüber. Alle am Entscheidungsablauf Beteiligten tragen die Verantwortung, nach diesen Werten zu handeln, doch liegt es an der Führungsebene, den Ton anzugeben. Wollen wir auf effiziente Art und Weise Unterstützung für unsere Entscheidungen gewinnen, so müssen wir einen Entscheidungsablauf festlegen, der auf Integrität beruht und auch so wahrgenommen wird.

WAHRHAFTIGKEIT IM ERFASSEN UND INTERPRETIEREN VON DATEN

Gandhis Wirken in Champaran zur Unterstützung von Indigoanbauern zeigt seine Verpflichtung zu wahrhaftigem Erfassen und Interpretieren von Daten. Champaran ist ein ländliches Gebiet in Bihar, einem Bundesstaat im Nordosten Indiens. Ein Großteil des Landes wurde von Pächtern für europäische Plantagenbesitzer bewirtschaftet. Von den Bauern wurde verlangt, auf einem Teil ihres Landes Indigo, ein sehr ertragreiches Exportgut, anzubauen, und damit den Landbesitzern einen Pachtzins zu entrichten. Als dann aber auf den Weltmärkten synthetischer Indigo erhältlich war, konnten mit natürlichem Indigo nicht mehr so gute

Genauso wie die Integrität individueller Entscheidungen durch persönliche Werte gelenkt wird, muß auch der Entscheidungsablauf durch entsprechende Werte gelenkt werden.

Entsprechen die Fakten und Ansichten der Wahrheit, so fördert dies eine bessere Entscheidungsfindung. Wenn wir die Situation so sehen, wie sie wirklich ist, wird die Entscheidung auf dem Amboß der wahrhaftigen Auseinandersetzung geschmiedet.

Erträge erzielt werden. Die Plantagenbesitzer verlangten daraufhin Geldzahlungen oder erhöhten ihre Forderungen, während die Bauern nach wie vor Indigo anbauen mußten, und zwar meistens auf dem fruchtbarsten Teil des Landes. Durch die finanziellen Verpflichtungen, denen die Bauern nachkommen mußten, entstand eine Art Feudalsystem, in dem jeglicher Besitz der Bauern von den Landherren besteuert oder beschlagnahmt werden konnte.

Gandhi wurde 1916 von einem Landwirt aus Champaran, Rajkumar Shukala, der von Gandhis Einsatz für die Bürgerrechte der in Südafrika lebenden Inder wußte, wegen der Ungerechtigkeiten um Rechtsbeistand gebeten. Gandhi war gerade aus Südafrika zurückgekehrt und wußte nichts über die Plantagen in Champaran. Er hatte keine Ahnung, daß die Produktion der kleinen Päckchen Indigo, die er auf den Märkten gesehen hatte, Tausenden von Menschen solch ein hartes Los bescherten.

1917 begab sich Gandhi nach Champaran. Seine erste Aufgabe bestand darin, Informationen zu sammeln. Er scharte eine Gruppe von Personen um sich, die sich zu einem einfachen Leben durch Dienen verpflichtet hatte, um die Dorfbewohner zu befragen. Gandhi wollte, daß sie die Lebensbedingungen der Bauern selbst beobachteten. Er wies sie an, sich den Dorfbewohnern mit Bescheidenheit und in einer Geisteshaltung des Dienens zu nähern. Nur so, meinte Gandhi, könnten sie erwarten, daß sich die Leute ihnen öffneten und über ihre wahren Sorgen berichteten.

Auch Gandhi selbst ging in die Dörfer und fand ungenügende sanitäre Anlagen, Analphabetentum und eine schlechte Gesundheitsvorsorge vor. Keines dieser Probleme war einzig durch den Indigoanbau verursacht worden. Er traf sich mit Plantagebesitzern und den örtlichen britischen Beamten, um sicherzugehen, daß er alle Standpunkte angehört hatte, und er nahm erst Stellung, nachdem er alle Fakten gesammelt hatte. Daraufhin bereitete und legte er, zusammen mit der Gruppe von Freiwilligen (von denen einige Anwälte waren), über 10 000 Aussagen vor, welche genaue Angaben über das gegen die Bauern verübte Unrecht enthielten. In der Folge fanden Verhandlungen zwischen den Plantagenbesitzern und der Regierung statt, und es wurde eine Kommission ernannt, welche die Tatsachen untersuchen und für das weitere Vorgehen eine Empfehlung geben sollte. Das Resultat war, daß das System des Indigoanbaus abgeschafft wurde und die Regierung den Bauern Teilentschädigungen für das erlittene Unrecht zahlte.

Es wäre einfach gewesen, den Plantagenbesitzern alle Schuld an dem Elend zu geben, dem Gandhi in Champaran begegnet war. Doch dies hätte Gandhis Verpflichtung zur Wahrhaftigkeit verletzt. Für das Indigoproblem waren eindeutig die Plantagenbesitzer verantwortlich, doch erkannte Gandhi, daß die Probleme des Analphabetismus und der sanitären Anlagen von den Dorfbewohnern selbst, mit Hilfe ihrer Landsleute, gelöst werden mußten. Daher beschränkte Gandhi seine Gespräche mit den Plantagenbesitzern und den britischen Beamten auf das Indigoproblem und stellte unabhängig davon Programme zur Verbesserung der sanitären Anlagen, der Gesundheitsversorgung, und des Analphabetis-

Wenden Führungspersönlichkeiten das Wahrheitskriterium beim Sammeln und Interpretieren der Fakten an, können sie die Problematik nicht nur in einem größeren Zusammenhang sehen, sondern bringen zudem Integrität in den Prozeß.

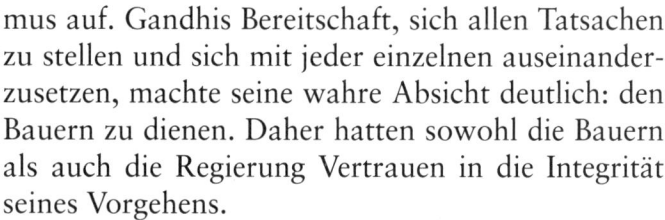

Komplexität ist ein Feind der Offenheit. Vorgänge, die rein formal offen zugänglich sind, können so schwer verständlich sein, daß sie in Wirklichkeit doch ein Geheimnis bleiben.

mus auf. Gandhis Bereitschaft, sich allen Tatsachen zu stellen und sich mit jeder einzelnen auseinanderzusetzen, machte seine wahre Absicht deutlich: den Bauern zu dienen. Daher hatten sowohl die Bauern als auch die Regierung Vertrauen in die Integrität seines Vorgehens.

Führungskräfte nehmen oft die Position eines Anwalts ein und vernachlässigen Tatsachen, die ihren Standpunkt nicht unterstützen. Wenden Führungspersönlichkeiten aber das Wahrheitskriterium beim Sammeln und Interpretieren der Fakten an, können sie die Problematik nicht nur in einem größeren Zusammenhang sehen, sondern bringen zudem Integrität in den Prozeß.

Als Führungskraft möchten Sie vielleicht keine unpopuläre Ansicht vertreten, harte Tatsachen enthüllen oder gegen die vorherrschende Meinung antreten, da Sie Ihre Führungsposition nicht gefährden wollen. Aber sie tragen eine große Verantwortung. Wenn Sie richtungsweisend vorgehen, werden überall im ganzen Unternehmen Verständnis und Unterstützung sichtbar werden, *auch wenn Sie sich irren.* Wer nicht über eine Machtposition verfügt, wird es als schwierig empfinden, anderer Meinung zu sein – wahrhaftig zu sein –, weil er um seine Karriere und Zukunft besorgt ist.

Wahrhaftige Auslegung von Fakten erfordert Mut. Personen, die über Spezialwissen und Informationen verfügen, müssen den Mut aufbringen, ihre Meinung zu äußern, auch wenn diese den Vorlieben der Führungskräfte widersprechen. Führende brauchen den Mut, eine andere Richtung einzuschlagen, wenn die Daten dies rechtfertigen.

Entsprechen die Fakten und Ansichten der Wahrheit, so fördert dies eine bessere Entscheidungsfindung. Wenn wir alle Tatsachen, einschließlich unserer eigenen Schwächen berücksichtigen, haben wir die dafür erforderliche Grundlage. Haben wir die Kraft der moralischen Überzeugung auf unserer Seite, so können wir an das Gewissen der anderen appellieren. Wenn wir die Situation so sehen, wie sie wirklich ist, wird die Entscheidung auf dem Amboß der wahrhaftigen Auseinandersetzung geschmiedet.

OFFENHEIT IM ENTSCHEIDUNGSPROZESS

Eine dem einheitlichen Verhaltensstandard verpflichtete Führungskraft hält so wenig als möglich geheim und fördert Offenheit innerhalb des Entscheidungsprozesses. Offenheit ist eine grundlegende Hilfe für die persönliche Integrität von Führungskräften. Sie bringt nicht nur Disziplin in den Prozeß, indem sie aufdeckt, wo aus besonderen Interessen Gefallen gewährt werden, sie enthüllt auch die Absicht dieser Interessen: das gemeinsame Wohl für persönlichen Gewinn zu opfern.

Komplexität ist ein Feind der Offenheit. Vorgänge, die rein formal offen zugänglich sind, können so schwer verständlich sein, daß sie in Wirklichkeit doch ein Geheimnis bleiben. Ein Teil der legislativen Entschlüsse unserer Regierung fällt in diese Kategorie. Der Entscheidungsprozeß wird dem öffentlichen Urteil ausgesetzt, doch ist er

Wollen wir den Einfluß besonderer Interessen auf die Entscheidungsfindung verringern, müssen wir zuerst klären, »wer« die besonderen Interessen sind. Wir sind es.

Offenheit erlaubt allen Beteiligten, die Entscheidung nachzuvollziehen. Sie bildet einen Sinn für Integrität innerhalb des Prozesses, und sie fördert das Vertrauen.

wegen der Komplexität der Voruntersuchungen, Komiteesitzungen, Verhandlungen und Kompromisse in letzter Minute außerordentlich schwer zu bewerten. Wenn wir den Prozeß nicht in einfachen Worten erklären können, erwarten wir von anderen, uns einfach zu glauben. Doch wer von uns hat die Größe, von anderen Glaube zu verlangen?

Wollen wir den Einfluß besonderer Interessen auf die Entscheidungsfindung verringern, müssen wir zuerst klären, »wer« die besonderen Interessen sind. Wir sind es. Es sind die Unternehmen, für die wir arbeiten, die Gemeinden, in denen wir leben, und die Organisationen, deren Mitglied wir sind, sei es der Verein Deutscher Ingenieure, um ein Beispiel zu nennen, oder der Nationale Schützenverein. *Wir* sind die besonderen Interessen, über die wir uns beklagen.

Im Prinzip ist es richtig, wenn jemand sich darum bemüht, seinen Standpunkt zu vertreten. Unglücklicherweise werden wir oft gebeten, unseren Einfluß durch finanzielle Beiträge statt durch wahrhaftige Auseinandersetzung geltend zu machen, und oft stellen wir unsere eigenen Interessen über das Gemeinwohl.

In der Privatwirtschaft ist der persönliche Aufstieg ein besonderes Interesse, Ausschüttung von Aktiva an verschiedene Abteilungen oder Gruppen ein anderes. Wovor wir uns hüten müssen ist, eine Entscheidung so zu fällen oder Entscheidungen auf eine Art und Weise beeinflussen zu wollen, daß dies unseren besonderen Interessen mehr dient als dem Unternehmen als Ganzem. Offenheit im Entscheidungsprozeß wird uns helfen, dies zu erreichen.

Wir alle teilen mit unserer Führung die Verantwortung, Offenheit im Entscheidungsprozeß beizubehalten. Als Individuen müssen wir darauf achten, unsere besonderen Interessen nicht auf Kosten des Gemeinwohls in den Vordergrund zu stellen; sonst entmutigen wir unsere Führung, die Offenheit innerhalb des Entscheidungsprozesses aufrechtzuerhalten. Als Führungskräfte müssen wir ein Beispiel setzen und bereit sein, den Entscheidungsablauf offen zu erklären, und andere dazu ermutigen, dasselbe zu tun. Offenheit erlaubt allen Beteiligten, die Entscheidung nachzuvollziehen: Sie bildet einen Sinn für Integrität innerhalb des Prozesses, und sie fördert das Vertrauen.

»Rufe dir das Gesicht des ärmsten und schwächsten Mannes in Erinnerung, den du je gesehen hast, und frage dich, ob der von dir beabsichtigte Schritt i h m von irgendeinem Nutzen sein wird.«

14

ÄNDERN SIE DIE KRITERIEN DER ENTSCHEIDUNGSFINDUNG

Beziehen wir moralische Kriterien in die Privatwirtschaft ein, so haben wir uns verpflichtet zu tun, was rechtens ist. Dies wird es mit sich bringen, daß wir Abstriche und Kompromisse machen müssen.

Eine breite Auswahl an Literatur und unzählige Gutachten über Entscheidungsfindung – darüber, wie Menschen Entscheidungen treffen und treffen sollten – steht zur Verfügung und wird von Führungskräften in Wirtschaft und Politik mit Geschick und Sachkenntnis benutzt. Doch müssen nicht die Techniken der Entscheidungsfindung geändert werden, sondern die Kriterien. Wir müssen Wahrhaftigkeit und Gewaltlosigkeit, den universellen Verhaltenskodex (andere wie uns selbst zu behandeln) und den Geist des Dienens einbeziehen.

Als einer seiner Arbeiter Gandhi in einer Entscheidung um Hilfe bat, entgegnete er: »Ich werde dir einen Talisman geben. Immer wenn du Zweifel hast oder wenn dein Selbst übermächtig wird, mache folgenden Test: Rufe dir das Gesicht des ärmsten und schwächsten Mannes in Erinnerung, den du je gesehen hast, und frage dich, ob der von dir beabsichtigte Schritt *ihm* von irgendeinem Nutzen sein wird. Wird *er* etwas dabei gewinnen? Wird es ihm helfen, sein eigenes Leben und Schicksal wieder in der Hand zu haben? Mit anderen Worten: Wird es zu *swaraj* (Freiheit) für die Millionen von Hungernden und spirituell Verhungerten führen? Darauf wirst du deine Zweifel und dein Selbst dahinschwinden sehen.«[28]

Gandhis Maßstäbe verkörperten einen Geist des Dienens, den wir in der Wirtschaft für alle Beteiligten und in der Politik für die gesamte Wählerschaft anwenden können.

Beziehen wir moralische Kriterien in die Privatwirtschaft ein, so haben wir uns verpflichtet zu tun, was rechtens ist. Dies wird es mit sich bringen, daß wir Abstriche und Kompromisse machen müssen, was möglicherweise das Aufgeben einiger kurzfristiger wirtschaftlicher Gewinne nach sich ziehen wird. Um damit auf effiziente Art und Weise umgehen zu können, müssen wir absolute Werte sowie den universellen Verhaltenskodex einbeziehen, wenn wir Ziele definieren und Strategien entwerfen.

SETZEN SIE SICH ZIELE

Wir sind uns im allgemeinen einig, daß Ziele in der Privatwirtschaft, der Regierungspolitik und in unserem persönlichen Leben an moralische Maßstäbe und rechtliche Grenzen gebunden sein sollten. Und dennoch unternehmen sehr wenige von uns konkrete Schritte, um ein moralisches Leben zu führen. Aus gewissen Gründen zögern wir, unsere Ziele nach moralischen Grundsätzen zu stecken. Haben wir Angst, unseren Ansprüchen nicht gerecht zu werden? Mit wirtschaftlichen Zielen geschieht dies andauernd, ohne uns abzuschrecken. Vielleicht ängstigt uns die Vorstellung, unsere Leistungen an

Individuen und Gruppen erzielen moralischen Fortschritt, wenn die Führung Ziele setzt und als Beispiel vorangeht.

Zusätzlich dazu, daß wir Ziele mit einer moralischen Dimension definieren, müssen wir Leistungsmaßstäbe entwickeln.

moralisch begründeten Zielen zu messen. Haben wir Angst vor dem Urteil, das dieses Vorgehen über uns als Menschen abgeben würde? Vielleicht haben wir Angst, in diesen Spiegel zu schauen. Wenn wir aber einen höheren Standard erreichen wollen, müssen wir diese Angst überwinden und moralisch begründete Ziele in unsere Unternehmen und in unser Privatleben einbeziehen.

Gandhi setzte als Ziel für seinen Ashram, sich wirtschaftlich selbst zu tragen, während die Bewohner spirituell weiterkamen. Um dieses Ziel zu erreichen, erstellte er eine »spirituelle Bilanzrechnung« als Zusatz zur finanziellen Bilanz, so daß auch der spirituelle Fortschritt gemessen werden konnte. »Jeder sollte für sich selbst sowie für uns alle und den Ashram als Ganzes solch eine spirituelle Bilanz aufstellen«, schrieb er. »Ohne diese Praxis, würden wir spirituell bankrott gehen.«[29]

Mit der spirituellen Bilanzrechnung schuf Gandhi nicht nur einen sehr hohen Standard moralischen Verhaltens im Ashram, sondern er entwickelte auch eine Gruppe von äußerst disziplinierten und engagierten Menschen. Bei allen schwierigen Aufgaben, die Gandhi auf sich nahm – wo absolutes Festhalten an Wahrhaftigkeit und Gewaltlosigkeit wesentlich waren –, konnte er auf Menschen zählen, die im Ashram dazu geschult worden waren, andere zu gewaltfreiem Widerstand zu führen.

Individuen und Gruppen erzielen moralischen Fortschritt, wenn die Führung Ziele setzt und als Beispiel vorangeht. Während der letzten 25 Jahre sind beispielsweise viele Unternehmen von der Vernachlässigung der Umweltproblematik zu einem aktiven Umweltschutz übergegangen. Die Unternehmensziele der meisten Großunternehmen zwingen heute dazu, die negativen Umwelteinflüsse auf ein Minimum zu reduzieren. Diese Unternehmen befinden sich auf dem Weg zu einem höheren Standard.

Zusätzlich dazu, daß wir Ziele mit einer moralischen Dimension definieren, müssen wir Leistungsmaßstäbe entwickeln. In der Privatwirtschaft ist dies bereits geschehen, indem spezifisch meßbare Leistungsziele in den Bereichen Finanzen, Marketing, Produktion und Produktentwicklung eingeführt wurden. Wir haben uns wegbewegt von allgemeinen Zielsetzungen wie Wachstum und Rentabilität und hin zu detaillierten Messungen von Marktanteilen und Rentabilität nach Produkten und Marktsegmenten. Qualitätsziele haben sich geändert und wurden zu ausführlichen Messungen über Einzelheiten der enthaltenen Bestandteile sowie der Fertigung. Wir sehen dies heutzutage als gegeben an, doch erforderte es einen großen Aufwand und viele Jahre Zeit, um von allgemeinen Aussagen über wünschenswerte Leistungen zu spezifischen Messungen bestimmter Leistungen zu kommen. Die neue Herausforderung für Führungskräfte besteht darin, dasselbe mit absoluten Werten zu tun, um bestimmte Zielsetzungen und Leistungsmessungen zu entwickeln.

Wenn zum Beispiel Wahrhaftigkeit einer der moralischen Grundsätze ist, den wir gutheißen, müssen wir unsere Ziele davon ableiten und Wege finden, unsere Leistungen daran zu messen. Schauen wir uns die Beziehung eines Unternehmens

Betrachten Sie unsere Verpflichtung zu Topqualität, wo wir »keinen Mangel« in der Produktqualität zulassen. Wieso sollten wir uns nicht ähnliche Standards von Topqualität im Bereich der »Wahrhaftigkeit gegenüber den Kunden« zum Ziel setzen?

Unsere Gesellschaft ist vernetzt. Täuschungspraktiken in Wirtschaft und Politik verletzen vielleicht niemanden direkt, doch durchdringen sie das ganze System und verringern die moralischen Maßstäbe der Gesellschaft.

zu seinen Kunden an, so können wir leicht drei Bereiche ausmachen, in denen Wahrhaftigkeit von großer Wichtigkeit ist: in der Werbung, im Bereich der Verpackung und im persönlichen Verkauf. Betrachten Sie unsere Verpflichtung zu Topqualität, wo wir »keinen Mangel« in der Produktqualität zulassen. Wieso sollten wir uns nicht ähnliche Standards von Topqualität im Bereich der »Wahrhaftigkeit gegenüber den Kunden« zum Ziel setzen? Wir können unabhängige Gremien bilden, die befugt sind, Falschaussagen und Fehldarstellungen zu korrigieren und vorgeschlagene Werbungs-, Verpackungs- und Verkaufsstrategien zu bewerten sowie zu entscheiden, ob dabei von der Wahrhaftigkeit abgewichen wurde. Denselben Ansatz können wir bei der Abschaffung von Diskriminierung und sexueller Belästigung sowie für die Steigerung der Produktsicherheit anwenden.

Ich höre schon den Einwand, dies sei viel zu kostspielig. Dem gleichen Einwand begegneten wir, als die Prinzipien der Topqualität eingeführt wurden. Heute wissen wir, daß es weitaus kostengünstiger ist, Dinge gleich beim ersten Mal richtig zu machen, als später das Problem zu haben, gegebene Tatsachen korrigieren zu müssen. Einige mögen entgegenhalten, daß es schwierig ist, meßbare Maßstäbe für moralische Ziele zu entwickeln. Doch wir haben inzwischen die Erfahrung gemacht, daß Messungen persönliche Wertungen enthalten können: Die meisten Pläne zum Anreiz von Leistung und Systeme zur Bewertung von Leistung erfordern subjektive Beurteilung. Diese werden überall in Privatwirtschaft und Regierung angewandt.

Unsere Gesellschaft ist vernetzt. Täuschungspraktiken in Wirtschaft und Politik verletzen vielleicht niemanden direkt, doch durchdringen sie das ganze System und verringern die moralischen Maßstäbe der Gesellschaft. Wenn wir versuchen, unmoralisches Verhalten zu korrigieren, werden wir daran erinnert, daß »alle so handeln«. Es wird also Zeit, daß wir Stellung beziehen und spezifische, auf moralische Prinzipien gegründete Ziele setzen.

BEZIEHEN SIE MORALISCHE GRUNDSÄTZE IN DIE ERARBEITUNG VON EFFIZIENTEN STRATEGIEN EIN

1930 wurde Gandhi vom Indischen Nationalkongreß, der größten politischen Organisation, die sich für die indische Unabhängigkeit einsetzte, autorisiert, eine Kampagne des zivilen Ungehorsams zu starten. Ziviler Ungehorsam war für Gandhi der letzte Ausweg. Als ein der Wahrhaftigkeit und Gewaltlosigkeit verpflichteter Mensch, wollte er seinen Gegnern, den Briten, die Möglichkeit einer ausgehandelten Lösung bieten. Aus diesem Grund schlug Gandhi ein Elf-Punkte-Programm vor, das, hätten die Briten es akzeptiert, die Notwendigkeit des sofortigen zivilen Ungehorsams aufgehoben und die Fortsetzung von Verhandlungen um die Unabhängigkeit zugelassen hätte.

Die von Gandhi ausgewählten elf Punkte betrafen die Inder in ihrem täglichen Leben. Er verlangte von den Briten weder den Abzug noch erwähnte er die Unabhängigkeit. Er bot den Engländern eine

Wenn Ihre Strategie eine Verpflichtung zu moralischen Grundsätzen enthält, verlangt sie den Respekt ihrer Gegner – und entschärft, oder tilgt sogar, möglichen Haß.

Moralische Werte in strategische Interessen einzubeziehen motiviert die Menschen auf jeder Ebene, in jeder Art von Organisation, sei es in der Privatwirtschaft, in der Politik oder im akademischen Bereich, weil es etwas Grundlegendes in uns anspricht: unser Bedürfnis, das zu tun, was unserer Überzeugung nach rechtens ist.

praktische Alternative zu sofortigem Abzug und Unabhängigkeit. Doch sie akzeptierten Gandhis Vorschlag nicht, worauf er den Einsatz des zivilen Ungehorsams als moralisch gerechtfertigt betrachtete.

Gandhi glaubte, daß jedes Gesetz, das er zu brechen trachtete – oder das zu brechen er andere aufforderte – vom Standpunkt des Gewissens aus als ungerecht angesehen werden konnte. Zudem mußten alle Formen des Protestes gewaltfrei sein. Entsprach eine Strategie nicht diesen moralischen Anforderungen, wurde sie nicht angewendet. Nachdem er viele Möglichkeiten in Betracht gezogen hatte, entschied sich Gandhi, seine Kampagne auf die Abschaffung des Gesetzes über die Salzsteuer zu begründen.

Die Regierung hatte ein Monopol auf die Salzherstellung und verbot Zivilpersonen, selbst für den Eigenbedarf, die Salzgewinnung. Zudem beinhaltete der Salzpreis eine Steuer, die der britischen Verwaltung (weltweit eine der extravagantesten zu dieser Zeit) Einnahmen garantierte und die ärmsten Inder schwer traf.

Die meisten Politiker konnten Gandhis Wahl der Salzsteuer als Grundlage seines Kampfes nicht nachvollziehen, doch erwies sich diese Wahl als exzellent: Sie erforderte keine Technologien. Alle konnten sich am Protest beteiligen, indem sie eigenes Salz gewannen. Durch das Monopol der Regierung wurden keine indischen Wirtschaftsinteressen bedroht. Und da jeder Salz brauchte und verwendete, hatte der Protest auch eine emotionale Komponente.

Gandhi stellte eine Gruppe von etwa 80 zu Gewaltlosigkeit verpflichtete und diesbezüglich geschulte Personen zusammen, die mit ihm 430 Kilometer von seinem Ashram in Ahmedabad zu dem an der Westküste gelegenen Dandi marschieren sollten, wo sie vorsätzlich das Gesetz brechen und Salz aus dem Meer gewinnen würden. Er rief auch dazu auf, daß zum Zeitpunkt, zu dem er und seine Gruppe Dandi erreichen und das Gesetz brechen würden, jeder, der dazu Gelegenheit habe, ebenfalls Salz herstellen und verkaufen sollte. Er weckte so riesige Erwartungen. Einen ganzen Monat lang folgten die nationale und internationale Presse dem kleinen Trupp gewaltloser Marschierer, welche sich mit einem der größten Weltreiche der Weltgeschichte anlegten.

Als Gandhi Dandi erreicht hatte, begannen Menschen in ganz Indien, ihr eigenes Salz zu gewinnen – und trugen damit zu der wohl größten Protestbewegung, die Gandhi je angeführt hatte, bei. Einen Monat später wurde er verhaftet und eingesperrt. Innerhalb von wenigen Monaten traf weitere 100 000 Inder das gleiche Schicksal. Als Gandhi im Januar 1931 aus dem Gefängnis entlassen wurde, handelte der Vizekönig mit ihm ein Abkommen aus, das wenigstens den Küstenbewohnern Indiens erlaubte, selbst Salz herzustellen. Es war das erste Mal, daß der Vizekönig, der Repräsentant britischer Macht, mit einem Inder auf gleichgestellter Ebene verhandelte, und dies war ein Riesenschritt auf das letztendliche Ziel zu: die Unabhängigkeit. Gandhis Strategie beruhte auf moralischen Grundsätzen, und darin lag seine Stärke. Die Gewaltlosig-

Angestellte sind stolz auf ein Unternehmen mit hohen moralischen Maßstäben, und dies ist eine Quelle persönlicher Motivation und gesteigerter Produktivität.

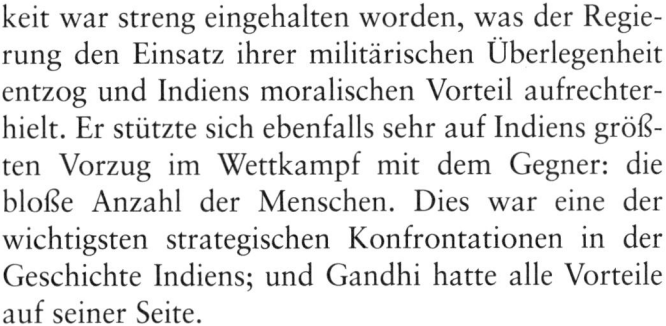

Wenn die Privat-wirtschaft moralische Grundsätze in ihre Strategien einbezieht und sich so einen Vorteil verschafft, werden andere folgen müssen, und die Gesellschaft wird in ihrer Gesamtheit Nutzen daraus ziehen.

keit war streng eingehalten worden, was der Regierung den Einsatz ihrer militärischen Überlegenheit entzog und Indiens moralischen Vorteil aufrechterhielt. Er stützte sich ebenfalls sehr auf Indiens größten Vorzug im Wettkampf mit dem Gegner: die bloße Anzahl der Menschen. Dies war eine der wichtigsten strategischen Konfrontationen in der Geschichte Indiens; und Gandhi hatte alle Vorteile auf seiner Seite.

Wenn Ihre Strategie eine Verpflichtung zu moralischen Grundsätzen enthält, verlangt sie den Respekt ihrer Gegner – und entschärft, oder tilgt sogar, möglichen Haß. Da Gandhi während des gesamten Kampfes um die Unabhängigkeit auf Gewaltlosigkeit beharrte, schlugen die Briten nicht mit Massenrepressionen zurück und verließen Indien schließlich ohne eigentliche Bitterkeit. Am Ende zogen beide Länder daraus Nutzen.

Moralische Werte in strategische Interessen einzubeziehen motiviert die Menschen auf jeder Ebene, in jeder Art von Organisation, sei es in der Privatwirtschaft, in der Politik oder im akademischen Bereich, weil es etwas Grundlegendes in uns anspricht: unser Bedürfnis, das zu tun, was unserer Überzeugung nach rechtens ist. Wenn Sie als Führungskraft moralische Prinzipien in die Entscheidungsfindung einbeziehen, wird Ihnen dies erlauben, an das Gewissen Ihrer Kunden, Angestellten und Aktionäre zu appellieren. Die Konsumenten ziehen Unternehmen vor, die moralisch begründete Verhaltensstandards über Produktqualität und Dienstleistungen stellen. Zudem sind Angestellte stolz auf ein Unternehmen mit hohen moralischen

Maßstäben, und dies ist eine Quelle persönlicher Motivation und gesteigerter Produktivität. Folglich gedeihen heute viele Unternehmen wegen ihrer umweltpolitischen Strategien oder weil sie einen Kindergartenplatz anbieten können oder qualifizierte Minderheiten anstellen und fördern. Die moralische Dimension birgt einen wettbewerbsrelevanten Wert, und das wirtschaftliche oder politische Programm, dessen Strategie sowohl eine ökonomische als auch eine moralische Dimension enthält, wird im Vorteil sein.

Die Verpflichtung zur Wahrhaftigkeit bietet außerdem den besten Schutz gegen zwei der meistverübten Fehler in der strategischen Entscheidungsfindung: übereilte Urteile und Gruppendenken. Übereilte Urteile werden gefällt, wenn die erstbeste Lösungsmöglichkeit ergriffen wird, ohne alle Tatsachen zu berücksichtigen. Gruppendenken tritt auf, wenn die Leute ihre Überzeugungen nicht offen darlegen; hauptsächlich, weil sie mit der vorherrschenden Meinung übereinstimmen wollen. Es gibt keinen wirksameren Schutz gegen diese Fehler als das Vorbild einer Führungspersönlichkeit, die sich zu Wahrhaftigkeit verpflichtet hat. Warten sie alle Fakten ab, bevor sie eine Entscheidung treffen, und vertreten sie stets Ihre eigenen Überzeugungen, so ermutigen Sie andere, dies ebenso zu tun.

Es gibt noch einen weiteren Grund, die Kriterien der Entscheidungsfindung zu ändern: Die ganze Gesellschaft hat einen Nutzen davon. Als die japanischen Automobil- und Elektronikunternehmen den Begriff der Topqualität in die Massenproduktion einführten, wurden den Kunden Qualitäts- und

Es bedarf keiner zusätzlichen Ausbildung oder spezieller technischer Fähigkeiten, um moralische Grundsätze in das Konzept einer Strategie einzubeziehen. Es erfordert Geistesqualitäten, die wir alle besitzen, unabhängig von Abstammung, Geschlecht, Glaube oder Herkunft.

Wenn Sie nicht an Ihrer Verpflichtung zu absoluten Werten in der Ausführung Ihrer Entscheidung festhalten, bricht das gesamte Gerüst des höheren Führungsstandards zusammen.

Wertkriterein bewußter – sie erwarteten mehr und verlangten mehr. Amerikanische und europäische Unternehmen waren gezwungen nachzufolgen. So verbesserte sich schließlich die Qualität der Produkte und Dienstleistungen insgesamt. Das gleiche gilt für moralische Maßstäbe. Wenn die Privatwirtschaft moralische Grundsätze in ihre Strategien einbezieht und sich so einen Vorteil verschafft, werden andere folgen müssen, und die Gesellschaft wird in ihrer Gesamtheit Nutzen daraus ziehen.

Es bedarf keiner zusätzlichen Ausbildung oder spezieller technischer Fähigkeiten, um moralische Grundsätze in das Konzept einer Strategie einzubeziehen. Es erfordert Geistesqualitäten, die wir alle besitzen, unabhängig von Abstammung, Geschlecht, Glaube oder Herkunft. Es erlaubt die größtmögliche Beteiligung, so daß jeder und jede von uns die persönliche Verantwortung übernehmen kann, moralische Maßstäbe in allen Bereichen der Gesellschaft in die Entscheidungsfindung einzubringen.

15

HANDELN SIE INNERHALB MORALISCHER GRENZEN BEI DER AUSFÜHRUNG VON ENTSCHEIDUNGEN

Wenn Sie nicht an Ihrer Verpflichtung zu absoluten Werten in der Ausführung Ihrer Entscheidung festhalten, bricht das gesamte Gerüst des höheren Führungsstandards zusammen. Es ist dieser letzte Schritt, an dem die meisten Führungskräfte schwanken oder gar versagen.

Es ist einfach, Ihren Prinzipien treu zu bleiben, wenn Sie an Ihren Werten festhalten und die gewünschten Resultate erzielen. Die Herausforderung stellt sich dann, wenn die Umsätze steigen, es aber im Verkaufsbereich an Integrität fehlt, wenn die Gewinne steigen, aber im Ablauf des Prozesses Vorschriften umgangen werden, und wenn eine Produktivitätssteigerung erzielt wird, aber einige Führungskräfte ein Klima der Angst erzeugt haben. Sie erreichen zwar Ihre wirtschaftlichen Ziele, doch mit unmoralischen Mitteln. Hier wird Ihre Verpflichtung zu absoluten Werten auf die Probe gestellt. Wenn Sie nicht die gesteckten Ziele erreichen, werden Sie empfänglicher für Vorschläge anderer, die

Damit während der Ausführung von Entscheidungen ein höheres Führungsniveau aufrechterhalten werden kann, muß die Verpflichtung, Handlungen vor dem Hintergrund der absoluten Werte zu beurteilen, auf allen Ebenen des Unternehmens durchgesetzt werden.

Wenn Sie nicht wirklich im Geist der Gewaltlosigkeit handeln, schaffen Sie eine Art strategische Verletzlichkeit. Man wird Sie nicht nur mit denjenigen gleichsetzen, denen Sie sich entgegenstellen, sondern Sie appellieren so auch nicht an das Beste in anderen.

moralische Grundsätze gefährden. Vielleicht ergreifen sie die Initiative und unternehmen die zum Erreichen der Resultate notwendigen Schritte. Sie müssen solche Vorschläge zurückweisen und ein derartiges Vorgehen stoppen.

Damit während der Ausführung von Entscheidungen ein höheres Führungsniveau aufrechterhalten werden kann, muß die Verpflichtung, Handlungen vor dem Hintergrund der absoluten Werte zu beurteilen, auf allen Ebenen des Unternehmens durchgesetzt werden. Diese Verpflichtung muß auf drei Ebenen bestehen: auf der Ebene der Führungskräfte, auf Teamebene und für jeden einzelnen – wobei jede dieser Ebenen die anderen beiden unterstützt.

DIE FÜHRUNG BEZIEHT STELLUNG

Im Dezember 1920 hat der Indische Nationalkongreß, die führende politische Organisation Indiens, die friedliche Verweigerung der Zusammenarbeit mit den Engländern als Strategie zur Untergrabung der britischen Herrschaft angenommen, die schließlich zur Unabhängigkeit des Landes führen sollte. Gandhi war dabei die treibende Kraft. Während des Besuchs des Prinzen von Wales (des späteren Edward VIII.) im November 1921 wurden Rufe laut, die vorgesehenen Empfänge friedlich zu boykottieren. Hier und da wurde jedoch von Indern gegen einige Personen, die der Willkommensfeier beigewohnt hatten, Gewalt angewendet, was Gandhi zutiefst betrübte. Er sprach sich öffentlich gegen die Gewalt aus und fastete zur Buße fünf Tage lang.

Einen Monat später übertrug der Indische Nationalkongreß Gandhi die uneingeschränkte Befugnis,
eine mächtige, nationale gewaltfreie Widerstandsbewegung anzuführen. In zwei Staaten entschlossen
sich die Bauern dazu, als Ausdruck ihres Wider-
standes keine Steuern zu zahlen. Wenn sich diese
Bewegung über das Land ausbreiten würde, wäre
die britische Herrschaft in Kürze regierungsun-
fähig, und das Kolonialreich würde in den Zusam-
menbruch getrieben. Es wurde augenscheinlich,
daß die Unabhängigkeit in Reichweite lag.

Leider kam es nach wie vor zu gewalttätigen
Zwischenfällen, und als eine Gruppe von Demonstranten am 4. Februar 1922 22 Polizeibeamte in
Chauri-Chaura tötete, kam Gandhi zu der Überzeugung, daß die Inder nicht dazu bereit waren, eine
Widerstandsbewegung zu führen, die sich der Gewaltlosigkeit verpflichtet hat, also blies er das Ganze
ab. Er brach nicht nur ein erfolgversprechendes
Vorgehen ab, sondern stellte sich auch gegen fast
alle seiner Kollegen und brachte durch diese Entscheidung seine gesamte politische Laufbahn in
Gefahr. Bis 1930 wurde kein gewaltloser Widerstand im großen Stile mehr in Gang gesetzt.

Die Unabhängigkeit war ein edles Ziel, doch jede
dazu unternommene Handlung mußte Gandhis
Prüfung der Wahrhaftigkeit und Gewaltlosigkeit
standhalten. Er hätte nie moralische Grundsätze für
politische Vorteile geopfert.

Gandhi war ebenso streng bei Themen, die ihn
auf der persönlichen Ebene betrafen. Im Mai 1915,
fünf Monate nach seiner Rückkehr aus Südafrika,
gründete er einen Ashram in der Nähe von Ahme-

Teammitglieder sollten auf ihre Verpflichtung zu moralischen Grundsätzen hin beurteilt werden, so daß das Team gemeinsam daran arbeiten kann, die moralische Dimension in Entscheidungen und Handlungen einzubringen.

Wenn Mitglieder eines Teams neben der Wirtschaftsstrategie des Unternehmens auch eine Verpflichtung zu moralischen Wertmaßstäben teilen, hat das Team den höchsten Grad des Zusammenhalts.

dabad. Dies geschah, bevor Gandhi ein politischer Führer auf nationaler Ebene wurde und in ganz Indien seine Kampagne gegen die Unberührbarkeit begann. 25 Menschen versuchten unter Gandhis spiritueller Führung als Familie im Ashram zu leben. Da dieser noch nicht wirtschaftlich autonom war, wurden Spenden für Dienste an Studenten und Gästen angenommen.

Der Ashram existierte erst seit einigen Monaten, als eine Familie aus den Reihen der Unberührbaren um Eintritt bat und akzeptiert wurde. Als die draußen in der Gemeinde lebenden Menschen bemerkten, daß eine unberührbare Familie im Ashram lebte, versiegte die finanzielle Unterstützung. Andere Mitglieder des Ashrams wurden beschimpft, wenn sie Wasser aus dem Gemeindeweiher holten, und es wurde mit der Zugangsverweigerung für alle Ashrambewohner zu öffentlichen Einrichtungen wie Geschäften und öffentlichen Verkehrsmitteln gedroht. Es gab sogar im Ashram einige Personen, einschließlich Gandhis Frau, die das Zusammenleben mit Unberührbaren als Sünde ansahen und sich weigerten, sich ihnen anzuschließen. Gandhi hielt eisern an seinen Grundsätzen fest, sogar als es darum ging, daß seine Frau, die Gandhis Position später akzeptierte, den Ashram verlassen würde. Als dem Ashram keine Mittel mehr zur Verfügung standen, entschied Gandhi, in das Quartier der Unberührbaren am Stadtrand von Ahmedabad zu ziehen, wo er und die anderen Mitglieder von den aus Handarbeit erzielten Einkünften leben würden. Doch bevor dies geschah, spendete ein anonymer Gönner Mittel, die das weitere Bestehen des Ashrams sicherten. Nichtsdestotrotz hatte Gandhi seine Bereitschaft bewiesen, alle nötigen Opfer zu erbringen, um seinen Prinzipien treu zu bleiben.

Gandhi versuchte in all seinen Kampagnen gegen Ausbeutung und Ungerechtigkeit, an seiner Verpflichtung zu Wahrhaftigkeit und Gewaltlosigkeit festzuhalten. Als Resultat davon hatte er stets die Kraft moralischer Überzeugung auf seiner Seite.

Viele mögen bereit sein, ihre Ansichten zu vertreten, und das, wofür sie sich einsetzen – Frieden, Umweltschutz, freie Meinungsäußerung –, mag nobel sein, doch ist es oft schwierig, im Geist der Gewaltlosigkeit zu handeln. Viele von denen, die für ein Ideal auf die Straße gehen, sind dabei unhöflich, haßerfüllt und verleumden ihre Gegner. Demonstrationen mögen »friedlich« verlaufen, ohne jedoch gewaltfrei zu sein. Oder praktisch gesehen: Wenn Sie nicht wirklich im Geist der Gewaltlosigkeit handeln, schaffen Sie eine Art strategische Verletzlichkeit. Man wird Sie nicht nur mit denjenigen gleichsetzen, denen Sie sich entgegenstellen, sondern Sie appellieren so auch nicht an das Beste in anderen, und weniger Menschen werden Sie unterstützen. Als in den 60er Jahren Studenten und Demonstranten Hörsäle besetzten, so das Recht auf Ausbildung anderer beeinträchtigten, Polizisten und Soldaten verunglimpften, die nur ihre Pflicht erfüllten, befremdeten sie eine Menge von Leuten, die ihre Sache bislang unterstützt hatten. Diese Bilder wurden außerdem oft von den Gegnern benutzt, um die Sache der Studenten in Mißkredit zu bringen und genau die Strategien fortzusetzen, gegen die die Studenten und Demonstranten ankämpften.

Viele mögen bereit sein, ihre eigenen Ansichten zu vertreten, und das, wofür sie sich einsetzen – Frieden, Umweltschutz, freie Meinungsäußerung –, mag nobel sein, doch ist es oft schwierig, im Geist der Gewaltlosigkeit zu handeln.

Führen Sie die moralische Dimension in die Teamarbeit ein

Damit die moralische Dimension auf allen Ebenen eines Unternehmens eingebracht werden kann, muß sie notwendigerweise auch in das individuelle Handeln einbezogen werden.

Teams – Gruppen von Menschen, die zusammenarbeiten und bestimmte Ziele verfolgen – sind in der Privatwirtschaft und in Regierungskreisen weit verbreitet und haben in einer Vielzahl von Fällen ihre Effizienz bewiesen. Normalerweise werden Teammitglieder aufgrund ihrer Fachkenntnisse im Bereich der Technik oder im Management sowie ihrer Fähigkeit zur Zusammenarbeit ausgewählt. Sie sollten aber auch auf ihre Verpflichtung zu moralischen Grundsätzen hin beurteilt werden, so daß das Team gemeinsam daran arbeiten kann, die moralische Dimension in Entscheidungen und Handlungen einzubringen.

Das von Gandhi zusammengestellte Team für das Sammeln von Daten über die Dorfbewohner in Champaran hatte technisches Fachwissen. Es bestand aus Anwälten und Pädagogen. Doch jedes Mitglied mußte sich zusätzlich zum Dienst an den Dorfbewohnern verpflichten. Gandhi konnte sich darauf verlassen, daß die Gruppe, erfüllt vom Geist des Dienens, in die Dörfer gehen und wahrhaftig über alle gesammelten Informationen berichten würde. Für den »Salzmarsch« nach Dandi, Gandhis Haupkampagne des gewaltlosen Widerstands nach dem Vorfall in Chauri-Chaura, wählte er selbst die Teilnehmer aufgrund ihrer Verpflichtung zur Gewaltlosigkeit aus.

Wenn Mitglieder eines Teams neben der Wirtschaftsstrategie des Unternehmens auch eine Ver-

pflichtung zu moralischen Wertmaßstäben teilen,
hat das Team den höchsten Grad des Zusammenhalts. Die Teammitglieder brauchen ihr Leben nicht
aufzuteilen: Was gut ist fürs Geschäft, gerät nicht in
Konflikt mit dem, was gut ist für den Geist. Ein
guter Mensch zu sein braucht nicht davon getrennt
zu werden, ein guter Geschäftsmann oder eine gute
Geschäftsfrau zu sein. Verstand und Geist können
vollständig der Arbeit gewidmet werden. Dies ist
die höchste Ebene von Teamarbeit.

MACHT ÜBERTRAGEN MIT EINER MORALISCHEN DIMENSION

Damit die moralische Dimension auf allen Ebenen
eines Unternehmens eingebracht werden kann, muß
sie notwendigerweise auch in das individuelle Handeln einbezogen werden. Eines der wichtigsten
Managementkonzepte, das sich in den letzten Jahren entwickelt hat, ist das Übertragen der Entschei-
dungsverantwortung an Mitarbeiter in allen Bereichen des Unternehmens. Dieses als Übertragen von
Macht oder Ermächtigung (*empowerment*) bekannte Konzept enthält zwei wesentliche Aspekte:
Verantwortung verbunden mit der Befugnis, Entscheidungen zu treffen, und Verantwortung dafür,
die zugesagten Resultate zu erfüllen. Wir wissen
heute, daß das Übertragen von Macht an einen
Mitarbeiter, gepaart mit den geeigneten Fähigkeiten,
das Potential hat, effektiv und erfolgreich zu sein.

Bisher wurde das Übertragen von Macht hauptsächlich für die Entscheidungsfindung in der Privat-

Es erweist sich oft als schwierig, in der Ausführungsphase für seine Meinung einzutreten: Die Entscheidung wurde bereits getroffen, die Sache läuft, und dann kommen Sie und gebieten Einhalt oder verlangen eine Richtungsänderung.

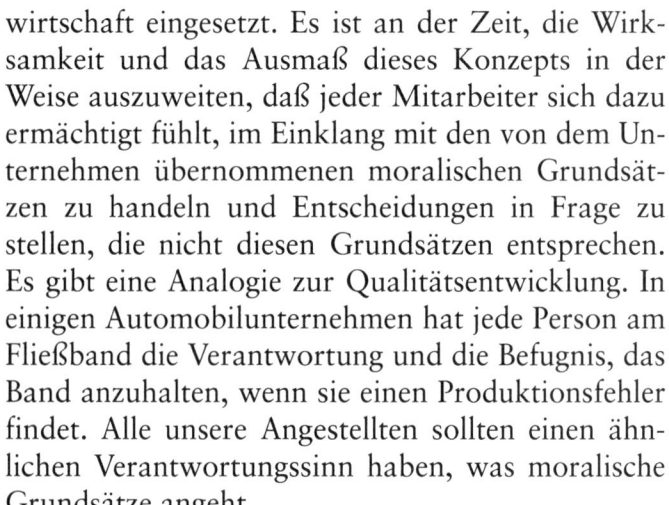

Im Grunde ist jede Verhaltensweise individuell. Wenn Sie also eine moralische Dimension in Ihr persönliches Handeln einbringen, so bringen Sie Integrität in Ihre gesamte Arbeitsumgebung.

wirtschaft eingesetzt. Es ist an der Zeit, die Wirksamkeit und das Ausmaß dieses Konzepts in der Weise auszuweiten, daß jeder Mitarbeiter sich dazu ermächtigt fühlt, im Einklang mit den von dem Unternehmen übernommenen moralischen Grundsätzen zu handeln und Entscheidungen in Frage zu stellen, die nicht diesen Grundsätzen entsprechen. Es gibt eine Analogie zur Qualitätsentwicklung. In einigen Automobilunternehmen hat jede Person am Fließband die Verantwortung und die Befugnis, das Band anzuhalten, wenn sie einen Produktionsfehler findet. Alle unsere Angestellten sollten einen ähnlichen Verantwortungssinn haben, was moralische Grundsätze angeht.

Es erweist sich oft als schwierig, in der Ausführungsphase für seine Meinung einzutreten: Die Entscheidung wurde bereits getroffen, die Sache läuft, und dann kommen Sie und gebieten Einhalt oder verlangen eine Richtungsänderung. Sie riskieren, kritisiert zu werden und Fristen nicht einzuhalten. Wie dem auch sei, die Folgen könnten schlimmer sein, wenn Sie nicht einschreiten würden. Viele von uns können oft zurückblicken und sich fragen, »Warum hat denn keiner etwas gesagt?« Doch wir sind es, die etwas hätten sagen oder tun sollen. Wir sind verpflichtet, die Aufmerksamkeit auf Diskriminierung, unethisches Verhalten und Einschüchterung zu lenken. Nicht um des persönlichen Verdienstes willen, sondern um das System zu verbessern, müssen wir so handeln. Unterlassen wir es, unterstützen wir solch unmoralisches Verhalten.

Im Grunde ist jede Verhaltensweise individuell. Wenn Sie also eine moralische Dimension in Ihr persönliches Handeln einbringen, so bringen Sie Integrität in Ihre gesamte Arbeitsumgebung. Aus diesem Grund müssen Führungspersönlichkeiten als Beispiel vorangehen. Und sie sollten diejenigen erkennen und unterstützen, welche bereit sind, in Übereinstimmung mit moralischen Prinzipien zu handeln und die absoluten Werte der Wahrhaftigkeit und Gewaltlosigkeit sowie den universellen Verhaltenskodex anzunehmen, andere wie uns selbst zu behandeln.

Führungspersönlichkeiten müssen als Beispiel vorangehen.

Schlusswort

Nehmen Sie die Herausforderung an

Wir alle führen andere. Jeder von uns kann für jemand anderen ein Vorbild sein und trägt die Verantwortung, die Zukunft so zu gestalten, wie wir sie uns wünschen. Doch wollen wir einen positiven Unterschied machen, müssen wir unser Verhalten von Idealen leiten lassen.

Wahrhaftigkeit und Gewaltlosigkeit, der universelle Verhaltenskodex (andere wie uns selbst zu behandeln) und der Wert eines dem Dienen geweihten Lebens sind heute genau so gültig wie zu Gandhis Zeiten. Diese Ideale und Verpflichtungen sind global in ihrer Anwendung und allumfassend in ihrer Wahrheit. Sie gehören keiner Ideologie, Rasse oder Kultur an; sie gehören zu uns allen.

Um einen höheren Führungsstandard zu erreichen, müssen wir keine dramatischen Veränderungen in unseren Leben vornehmen. Wir können soviel tun, ohne unseren Lebensstandard ändern zu müssen. Wir können wahrhaftig sein im Umgang mit anderen und uns selbst. Wir können uns dazu verpflichten, niemanden auszubeuten oder keine natürlichen Ressourcen zu mißbrauchen. Und wir

> *Jeder von uns kann für jemand anderen ein Vorbild sein und trägt die Verantwortung, die Zukunft so zu gestalten, wie wir sie uns wünschen.*

können versuchen, andere so zu behandeln, wie wir selbst behandelt werden wollen. Wenn wir als Individuen nach diesen Prinzipien leben, setzen wir Maßstäbe für unsere Führenden, denen sie folgen müssen. Wenn Menschen in Führungspositionen nach diesen Prinzipien handeln, sind Sie uns ein Vorbild, dem wir alle folgen werden. Ein einzelner Mensch kann etwas anders machen. Sie können es anders machen. Und Sie werden es anders machen, wenn Sie einen einheitlichen Verhaltensstandard befolgen, die Geisteshaltung des Dienens annehmen und innerhalb eines moralischen Rahmens handeln.

Ihr Leben ist Ihre Botschaft. Beispielhaftes Verhalten ist nicht nur die überzeugendste, sondern auch die beständigste Form von Führung. Und gerade weil die Welt immer vernetzter wird, haben Führungsmaßstäbe einen Einfluß, der sich über die ganze Welt erstreckt. Heute wird uns allen ein höherer Führungsstandard mehr denn je dienen.

Ihr Leben ist Ihre Botschaft. Beispielhaftes Verhalten ist nicht nur die überzeugendste, sondern auch die beständigste Form von Führung.

Ein kurzer Lebenslauf Gandhis

Mohandas Karamchand Gandhi wurde am 2. Oktober 1869 als Sohn einer angesehenen Familie geboren und gemäß traditionellem hinduistischen Brauch im Alter von 13 Jahren mit Kasturbai verheiratet. Er wurde nach indischer Tradition erzogen, zeigte in der Schule keine außergewöhnlichen Fähigkeiten und ragte in keiner Weise heraus.

1888 ging Gandhi nach England, um in London Rechtswissenschaft zu studieren. 1891 wurde er in den Anwaltsstand aufgenommen. Während seines Aufenthalts in England schloß er sich der Theosophischen sowie der Vegetarischen Gesellschaft Londons an. Er vertiefte sein Wissen des Hinduismus und machte sich mit dem Buddhismus und dem Christentum vertraut. Als er 1891 nach Indien zurückkehrte, versuchte er, eine Anwaltskanzlei zu eröffnen, was jedoch mißlang. Darauf nahm er das Angebot an, Rechtsberater der Firma Dada Abdullah & Co zu werden, was ihn für die folgenden 21 Jahre (1893–1914) in Südafrika leben und arbeiten ließ. In dieser Zeit kehrte er nur zweimal nach Indien zurück.

Während er in Südafrika lebte, entwickelte Gandhi – durch einen Prozeß der inneren Schau und des Studiums – die meisten der Auffassungen

und Grundsätze, welche den Rest seines Lebens bestimmen sollten. Er verpflichtete sich zu Gewaltlosigkeit und dazu, die Wahrheit zu suchen, gelobte
freiwillige Armut und Enthaltsamkeit und machte
sich die Haltung des Dienens sowie die Vorstellung,
daß alle Formen der Arbeit gleichwertig sind, zu eigen. Zudem entwickelte und erprobte er den Begriff
des *satyagraha* (Kraft der Wahrheit oder passiver
Widerstand) auf der politischen Bühne.

Gandhi setzte sich für die in Südafrika lebenden
Inder ein, die Diskriminierung und anti-asiatischer
Gesetzgebung ausgesetzt waren. Es gab zum Beispiel ein Gesetz, nach dem alle Inder zu jeder Zeit
einen Erlaubnisschein bei sich zu tragen hatten. Ein
anderes schrieb vor, einzig eine nach christlichem
Brauch vollzogene Hochzeit als rechtmäßig anzuerkennen, und es gab eine jährliche »Kopfsteuer«,
die für die meisten indischen Arbeiter unbezahlbar
war. Gandhi hoffte, die Gefängnisse des Staaten-
bunds zu füllen, um so die Sittenwidrigkeit der anti-
indischen Gesetze sichtbar zu machen. Er rief seine
Landsleute dazu auf, sich seinem gewaltfreien Widerstand anzuschließen. Zwischen Januar 1908 und
Mai 1909 wurde Gandhi dreimal verhaftet und zu
einer Gefängnisstrafe verurteilt. Zwischen dem
6. November und dem 18. Dezember 1913 wurde
er erneut dreimal inhaftiert und wieder freigelassen.
Am 22. Januar 1914 handelte Gandhi mit dem
Innenminister General Jan Christian Smuts ein
Abkommen aus, das alle indischen Ehen für rechts-
gültig erklärte und die Kopfsteuer abschaffte.

Im Alter von 45 Jahren verließ Gandhi Südafrika
und erreichte Indien im Januar 1915. Während der

folgenden 33 Jahre setzte er sich für die indische Unabhängigkeit von der britischen Herrschaft ein. Er arbeitete dafür, daß die Unberührbarkeit abgeschafft wurde und die Dorfindustrie – insbesondere das Spinnen – neu auflebte, um die Armut zu verringern, die Selbstachtung der Armen zu erhöhen, die Erziehung zu fördern und Harmonie unter Gläubigen der verschiedenen Religionsgemeinschaften, in erster Linie den Hindus und Muslims, zu schaffen. Gandhi gründete eigene Organisationen, um die Unberührbarkeit abzuschaffen und die Dorfindustrie vorwärtszubringen. Zu verschiedenen Zeiten veröffentlichte er drei Wochenzeitschriften: *Navajivan*, *Young India* und *Harijan*. Diese ermöglichten ihm, seinen Ansichten Ausdruck zu verleihen.

Während des Unabhängigkeitskampfes wurde Gandhi fünfmal festgenommen und inhaftiert – zum letzten Mal im August 1942, im Alter von 73 Jahren. Er verbrachte nie mehr als zwei Jahre am Stück im Gefängnis und wurde oft aufgrund seines schlechten Gesundheitszustands freigelassen. Seine Frau Kasturbai starb 1944, während sie wie Gandhi im Gefängnis war.

Gandhi unternahm ausgedehnte Reisen mit dem Zug oder zu Fuß durch ganz Indien – oft über mehrere Monate hinweg – und wußte mehr über die Lebensbedingungen der Armen als jeder andere Politiker. Er besuchte ebenfalls die Nachbarländer Ceylon (das heutige Sri Lanka) und Burma. 1931 fuhr er nach England, um Indien auf der *Round Table Conference* zu vertreten, wo er mit britischen Führungskräften zusammentraf und die Gründe für die indische Unabhängigkeit erklärte. Auf dem Rückweg besuchte er Europa. Danach lebte er in Indien bis zu seinem Lebensende.

Gandhi empfing Besucher aus aller Welt und stand im Briefwechsel mit Menschen aller Schichten und jeden Alters. Seine Autobiographie *Die Geschichte meiner Experimente mit der Wahrheit*, welche sein Leben bis 1920 behandelt, stellte er 1929 fertig. Er hatte nie das Bedürfnis, seine Autobiographie über das Jahr 1929 hinaus weiterzuführen, da sein Leben keine Geheimnisse barg und er all seine Gedanken durch Reden und Schriften öffentlich zum Ausdruck gebracht hatte. Seine Korrespondenz, Artikel und andere schriftliche Zeugnisse füllen über 90 Bände.

1946, als die indische Unabhängigkeit näherrückte, geriet die Harmonie zwischen Hindus und Muslims, für die er Zeit seines Lebens so hart gearbeitet hatte, aus dem Gleichgewicht, und Gewalt brach aus. Unermüdlich setzte sich Gandhi für den Frieden ein, begab sich unter die Leute in den betroffenen Gebieten und predigte das »Evangelium« der Gewaltlosigkeit, Vergebung und Reue. Als Indien im August 1947 die Unabhängigkeit erlangte, nahm Gandhi nicht an den Feierlichkeiten teil. Er führte statt dessen seine Arbeit für die Beendigung der Gewalt in Bengalen und Bihar fort.

Ende 1947 ging Gandhi nach Delhi, in die Hauptstadt, und am 13. Januar 1948 begann er, für Harmonie zwischen den Religionsgemeinschaften zu fasten. Er beendete das Fasten am 18. Januar, als das Töten und die Gewaltanwendung nachließen.

Gandhis Plädoyer für ein friedliches Zusammenleben erzeugte in gewissen radikalen Hindukreisen
Verbitterung. So wurde Gandhi am 30. Januar
1948 auf dem Weg zu seinem Abendgebet von einer
aus nächster Nähe abgefeuerten Kugel tödlich getroffen. Er starb so, wie er gelebt hatte: im Dienste
seines Volkes und mit dem Namen Gottes auf den
Lippen.

Anmerkungen

1 Nehru, Jawaharlal: *An Autobiography.* The Bodley Head Ltd., London 1989, S. 129.

2 Gandhi, M. K.: »Interview mit Denton J. Brooks«, *The Hindu*, 15. Juni 1947. In Iyer, R. N. (Hrsg.): *The Moral and Political Writings of Mahatma Gandhi.* Clarendon Press, Oxford 1986, I: S. 37–38.

3 Gandhi, M. K.: »Gespräch mit einem christlichen Missionar«, *Harijan*, 22. September 1946. In Iyer, R. N. (Hrsg.): *The Moral and Political Writings of Mahatma Gandhi.* Clarendon Press, Oxford 1986, I: S. 395.

4 Gandhi, M. K.: Brief an Narandas Gandhi, 1930. In Iyer, R. N. (Hrsg.): *The Moral and Political Writings of Mahatma Gandhi.* Clarendon Press, Oxford 1986, II: S. 163.

5 Gandhi, M. K.: Brief an William Q. Lash, Januar 1945. In Iyer, R. N. (Hrsg.): *The Moral and Political Writings of Mahatma Gandhi.* Clarendon Press, Oxford 1986, II: S. 341.

6 Gandhi, M. K., *Young India*, 4. April 1929. In Iyer, R. N. (Hrsg.): *The Moral and Political Writings of Mahatma Gandhi.* Clarendon Press, Oxford 1986, I: S. 59.

7 Gandhi, Mahatma: *Eine Autobiographie oder Die Geschichte meiner Experimente mit der Wahrheit.* Hrsg. v. Rolf Hinder. Hinder + Deelmann, Gladenbach 1977, S. 254.

8 Pyarelal: *Mahatma Gandhi: The Last Phase.* Ahmedabad, Navajivan 1956, I: S. 347.

9 Gandhi, Mahatma: *Eine Autobiographie oder Die*

Geschichte meiner Experimente mit der Wahrheit. Hrsg. v. Rolf Hinder. Hinder + Deelmann, Gladenbach 1977, S. 323.

10 Gandhi, M. K.: »Under Conscience's Cover«, *Young India*, 21. August 1924. In Iyer, R. N. (Hrsg.): *The Moral and Political Writings of Mahatma Gandhi.* Clarendon Press, Oxford 1986, II: S. 125.

11 Gandhi, M. K.: »Rede in der Guildhouse Kirche«, *The Guildhouse*, September 1931. In Iyer, R. N. (Hrsg.): *The Moral and Political Writings of Mahatma Gandhi.* Clarendon Press, Oxford 1986, I: S. 382.

12 Gandhi, M. K.: Brief an Amanda Babu Chowdhary, *Glimpses of Gandhi's Life*, S. 74–75. In Iyer, R. N. (Hrsg.): *The Moral and Political Writings of Mahatma Gandhi.* Clarendon Press, Oxford 1986, II: S. 438.

13 Gandhi, Mahatma: *Eine Autobiographie oder Die Geschichte meiner Experimente mit der Wahrheit.* Hrsg. v. Rolf Hinder. Hinder + Deelmann, Gladenbach 1977, S. 14.

14 Ebd., S. 421.

15 Ebd., S. 104.

16 Ebd., S. 105–106.

17 Tendulkar, D. G.: *Mahatma*. Publications Division of the Government of India, New Delhi 1961, II: S. 97.

18 Gandhi, M. K.: Brief an K. Santanam, 1926. In Iyer, R. N. (Hrsg.): *The Moral and Political Writings of Mahatma Gandhi.* Clarendon Press, Oxford 1986, II: S. 37–38.

19 Tendulkar, D. G.: *Mahatma*. Publications Division of the Government of India, New Delhi 1961, I: S. 182.

20 Ebd.

21 Gandhi, M. K.: Telegramm an H. G. Wells, *The Hindustan Times*, 16. April 1940. In Iyer, R. N. (Hrsg.):

The Moral and Political Writings of Mahatma Gandhi. Clarendon Press, Oxford 1986, III: S. 492.

22 Tendulkar, D. G.: *Mahatma.* Publications Division of the Government of India, New Delhi 1961, III: S. 123.

23 Gandhi, M. K.: Brief an Amrit Kau, 1947. In Iyer, R. N. (Hrsg.): *The Moral and Political Writings of Mahatma Gandhi.* Clarendon Press, Oxford 1986, III: S. 544.

24 Gandhi, Mahatma: *Eine Autobiographie oder Die Geschichte meiner Experimente mit der Wahrheit.* Hinder + Deelmann, Gladenbach 1977, S. 177.

25 Tendulkar, D. G.: *Mahatma.* Publications Division of the Government of India, New Delhi 1961, IV: S. 72.

26 Pyarelal: *Mahatma Gandhi: The Last Phase.* Ahmedabad, Navajivan 1956, I: S. 410.

27 Tagore, R. N. In Tendulkar, D. G.: *Mahatma.* Publications Division of the Government of India, New Delhi 1961.

28 Tendulkar, D. G.: *Mahatma.* Publications Division of the Government of India, New Delhi 1961, VIII.

29 Gandhi, M. K.: »Necessity of Drawing Up a Balance Sheet«, 1932. In Iyer, R. N. (Hrsg.): *The Moral and Political Writings of Mahatma Gandhi.* Clarendon Press, Oxford 1986, I: S. 629.

LITERATUREMPFEHLUNGEN

Gandhi, Mahatma: *Eine Autobiographie oder Die Geschichte meiner Experimente mit der Wahrheit.* Hrsg. v. Rolf Hinder. Hinder+Deelmann, Gladenbach 1977.

Gandhi, Mahatma: *Gewaltfrei leben.* Ausgew. v. Detlef Kantowsky. Benzinger Verlag, Zürich 1992.

Gandhi, Mahatma: *Handeln aus dem Geist. Texte zum Nachdenken.* Ausgew. v. Gertrude und Thomas Sartory. Herder, Freiburg 1989.

Gandhi, Mahatma: *Die Lehre vom Schwert. Aufsätze aus den Jahren 1919–1922.* Hrsg. v. Wolfgang Sternstein. Rothenhäusler Verlag, Stäfa 1990.

Gandhi, Mahatma: *My life is my message. Das Leben und Wirken von M. K. Gandhi.* Hrsg. v. Gandhi-Informations-Zentrum. Verlag Weber, Zucht & Co., Kassel 1988.

Gandhi, Mahatma: *Sarvodaya – Wohlfahrt für alle.* Hinder+Deelmann, Gladenbach 1983.

Gandhi, Mahatma: *Wahrhaft sein.* Benzinger Verlag, Zürich 1995.

Gandhi, Mahatma: *Wer den Weg der Wahrheit geht, stolpert nicht. Worte an einen Freund.* Verlag Neue Stadt, München 1994.

Gandhi, Mahatma: *Worte des Friedens.* Ausgew. v. Maria Otto. Herder, Freiburg 1992.

Iyer, Raghavan N. (Hrsg.): *The Moral and Political Writings of Mahatma Gandhi.* Clarendon Press, Oxford 1986 (Bd. I, II), 1987 (Bd. III).

Nehru, Jawaharlal: *An Autobiography.* The Bodley Head Ltd., London 1989.

Pyarelal: *Mahatma Gandhi: The Last Phase.* Ahmedabad, Navajivan 1956 (Bd. I), 1958 (Bd. II).
Tendulkar, D. G.: *Mahatma.* Publications Division of the Government of India, New Delhi 1961, 8 Bde.